VILLE DE SAINT-CHAMOND

(LOIRE)

CATALOGUE

ALPHABÉTIQUE

DE LA BIBLIOTHÈQUE DE LA VILLE

PUBLIÉ SOUS L'ADMINISTRATION

DE

M. BENOIT ORIOL

Chevalier de la Légion d'honneur

MAIRE DE SAINT-CHAMOND

SAINT-CHAMOND

IMPRIMERIE ET LITHOGRAPHIE A. POMÉON

1884

VILLE DE Sᵀ-CHAMOND

(LOIRE)

CATALOGUE

ALPHABÉTIQUE

DE LA BIBLIOTHÈQUE DE LA VILLE

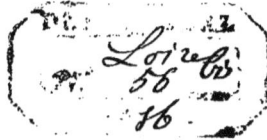

SAINT-CHAMOND

IMPRIMERIE ET LITHOGRAPHIE A. POMÉON

1884

Signification des lettres indiquant les genres d'ouvrages.

———

A désigne la Théologie.

E — la Jurisprudence.

I — les Sciences, la Philosophie et les Beaux-Arts.

O — les Belles-lettres.

U — l'Histoire, la Géographie, les Voyages.

———

Pour la Bibliothèque populaire, les lettres signifient :

A — Première série, volumes in-4º

B — Deuxième série, volumes in-8º

C — Troisième série, volumes in-12.

D — Quatrième série, volumes in-18.

———————

BIBLIOTHÈQUES DE SAINT-CHAMOND

(PARTIE DE LA VILLE)

CATALOGUE

ALPHABÉTIQUE

Lettre du genre de l'ouvrage	Numéros des volumes	A	Volumes manquant	Nombre total des volumes
U	19	**Abrégé** de l'histoire ecclésiastique. Cologne 1762, 13 volumes in-4°.		13
«	136 bis	**Abrégé** de l'histoire générale des voyages par LAHARPE réduit aux traits les plus intéressants et les plus curieux. Paris 1822, Ledentu, 2 vol. in-12 brochés.		
«	172 bis	**Abrégé** de la nouvelle géographie universelle physique, politique et historique de GUTHRIE. Paris 1811. Langlois, 1 volume in-8.		1
«	61	**Abrégé** de l'histoire de France, par CAILLOT. Paris 1824, Boiste, 2 vol.		2
A	25	**Abrégé** du dictionnaire des cas de conscience de M. Pontas, par COLLET. Paris 1771, 2 vol in-4°.		2
U	97	**Abrégé** chronologique de l'histoire de France, par MÉZERAY. Amsterdam 1720, Mortier, 9 vol. in-12.		9
«	108	**Abrégé** de la vie des peintres par de PILLES. Amsterdam 1767, 1 vol. in-12.		1
A	125	**Abrégé** de la pratique de la religion chrétienne, par Alphonse de RODRIQUEZ. Paris, Savoye, 2 vol. in-12.		2
U	29	**Abrégé** de l'histoire sacrée par Sulpice SÉVÈRE, traduction de l'abbé Paul. Lyon 1805 1 vol. in-12.		1
«	30	**Abrégé** de l'histoire par Sulpice SÉVÈRE avec une interprétation française par M. de Wandelincourt. 1779, Bonitton, 1 vol. in-12.		1
«	49	**Abrégé** de l'histoire ancienne de M. Rollin par l'abbé TAILHÉ. Lyon 1805, Leroy, 5 vol. in-12. — Lyon 1813, Kindelem, 5 vol. in-12.		10
«	50	**Abrégé** de l'histoire romaine. Lyon 1813, Kindelem, 5 vol. in-12.		5
«	36	**Abrégé** de l'histoire romaine, par FLORUS, traduction de l'abbé Paul. Paris an III, Barbou, 1 vol. in-12.		1
«	247	**Abyssinie,** Afrique orientale par Achille RAFFRAY. Paris, Plon et Cie 1876, 1 vol. in-18.		1
I	128	**Académie** universelle des jeux. Paris 1739, Legros, 1 vol. in-12.		1
«	190	**Addition** des pièces importantes sur la taille. Paris 1753, d'Houry, 1 vol. in-12.		1
U	1	**Additions** à l'essai sur l'histoire générale 1763, 1 vol. in-8.		1

Lettre du genre de l'ouvrage	Numéros des volumes	A	Volumes manquant	Nombre total des volumes
E	84	**Adresse** présentée par plusieurs citoyens à MM. les officiers municipaux de St-Chamond, le 12 avril 1790. Lyon, chez Faucheux, rue Mercière, près la rue Tupin, 1790, une brochure in-4°.		1
«	74	**Affaire** du mois d'avril 1834, procès-verbal des séances de la cour des Pairs. Paris 1835, Crapelet, 3 vol. in-8.		3
U	201	**Afrique** (de l') contenant la description de ce pays par LÉON l'Africain. Paris 1830, 4 vol. in-8.		
O	220	**Agriculture** (l') poème par ROSSET. Paris 1774, 1 vol. in-4°.		1
U	138	**Album** du Lyonnais 1843-44, 2 vol. in-4°.		2
O	246 bis	**Almanach** astronomique et historique de la ville de Lyon et des provinces du Lyonnais, Forez et Beaujolais pour l'année 1781, 1 vol. in-8.		1
«	344	**Almanach** astronomique, historique, de la ville de Lyon et des provinces du Lyonnais, Forez et Beaujolais pour l'année 1777. Lyon, 1 vol in-8.		1
«	247 bis	**Almanach-Bottin** du commerce de Paris, des départements de la France et des principales villes du monde. 1839, 1 fort vol. in-8 (donné par M. Ardaillon).		1
«	248	**Almanach** du département de la Loire pour 1851, St-Etienne Théolier, 1 vol. in-18.		1
«	249	**Almanach** historique et politique de la ville de Lyon et du département du Rhône pour l'année bissextile 1832. Lyon, Rusand, 1 vol in-8.		1
«	250	**Almanach** des jeux ou académie portative contenant les règles du reversis, du whist, du piquet et du tric-trac. Paris 1785, Fournier, 1 vol.		1
«	251	**Almanach** parisien pour l'année 1788. Paris 1788, Duchesne, 2 vol. in-18.	1	1
«	252	**Almanach** royal année 1759. Paris, Lebreton, 1 vol in-8.		1
I	2	**Ami** (l') des hommes ou traité de la population. Avignon 1756, 1 vol in-4°.		1
O	126	**Ami** (l') de l'adolescence par BERQUIN 1786, 4 vol. in-12 reliés en 2 vol.		2
I	3	**Analyse** des vœux des conseils généraux de départements sur divers objets d'administration et d'utilité publique soit locale soit générale. Paris 1844, Paul Dupont, 1 vol in-8.		1
O	114	**Analyses** et extraits des harangues de Démosthène, Eschine, Lysias et Isocrate, par RAGON. Paris 1836, Hachette, 1 vol. in-12.		1
E	86	**Anglais** (les) en Guyenne, l'administration anglaise et le mouvement communal dans le Bordelais, par BRISSAUD. Paris, Dumoulin, 1 vol. in-8.		1
U	150	**Angleterre** (l') ou description historique et topographique du royaume-uni de la Grande-Bretagne, par DEPPING. Paris 1824 Ledoux, 6 vol. in-12 reliés en trois.		3
E	3	**Annales** du notariat, 23 vol. in-8, les 6° et 23° manquent.	2	21
«	4	**Annales** du notariat, une liasse de numéros épars.		1
«	69	**Annales** du barreau français ou choix des plaidoyers et mémoires les plus remarquables. Paris 1852, Plon frères, 20 vol. in-8. brochés.		20

Lettre du genre de l'ouvrage	Numéros des volumes	A	Volumes manquant	Nombre total des volumes
I	6	**Annales** du commerce extérieur de 1843 à 1882.		
«	7	**Annales** du Parlement français, par une société de publicistes sous les auspices des deux chambres, session de 1839 et de 1840-1841, 2 vol. in-8 donnés par M. Ardaillon.		2
«	220	**Annales** de la Société de médecine de St-Etienne et du département de la Loire, compte-rendu. St-Etienne, J. Pichon.		
O	253	**Annales** de la colonisation algérienne, numéros de septembre 1852 et de mars à décembre 1853, une liasse.		1
«	254	**Annales** littéraires ou choix chronologique des principaux articles de littérature insérés par M. Dussault dans le Journal des Débats depuis 1800 jusqu'en 1817 inclusivement. Paris 1818, 4 vol. in-8.		4
«	255	**Annales** de la Société d'agriculture du Puy pour 1837-1838. Le Puy 1839, Gaudelet, 1 vol. in-8, donné par M. Montellier.		1
«	256	**Annales** de la Société d'agriculture du Puy pour 1833-1834. Le Puy, Pasquet, 2 vol. in-8 reliés en un.		1
«	265	**Annales** des arts et manufactures, de BARBIER-VEMARS, seconde collection comprenant les nos de 1 à 15 inclusivement de juillet 1815 à septembre 1817 inclusivement, 5 vol. in-8, donnés par MM. Richard frères.		5
O	390	**Année terrible** (l') Paris, Lévy, 1 vol.		1
I	178	**Annuaire** de l'association. Paris 1867. Noirot et Cie, 1 vol. in-12.	1	
«	224	**Annuaire** du bureau des longitudes pour 1878, 1 vol.		1
O	257	**Annuaire** administratif et statistique du département de la Loire pour les années 1843 et 1844. Montbrison, Bernard, 2 vol. in-8.		2
«	258	**Annuaire** du cultivateur. Paris an III, 1 vol. in-8.		1
«	259	**Annuaire** départemental, administratif, historique, industriel et statistique, suite à la collection séculaire des almanachs de Lyon commencée en 1711. Lyon 1842, 1 vol. in-8.		1
«	260	**Annuaire** de la Haute-Loire, 1835-36-38-39. Le Puy, Pasquet, 4 vol. in-18 reliés en deux.		2
I	82	**Anti-Lucretius** par le cardinal de POLIGNAC, 1748, 1 vol. in-12.		1
«	83	**Anti-Lucretius** par le cardinal de POLIGNAC, 1747, 1 vol. in-12.		1
«	84	**Anti-Lucretius** par le cardinal de POLIGNAC, traduit par Bougainville. 1751, 1 vol. in-12.		1
U	137	**Antiquités** romaines par ADAM. Paris 1826, 2 vol. in-12.		2
«	79	**Aperçu** sur l'histoire de la ville de St-Etienne (relié avec 58) par HEDDE Isidore. St-Etienne 1840, 1 vol. in-8.		1
I	117	**Aperçu** sur l'état de la civilisation en France par SMITH. Lyon 1828, Perrin, 1 vol. in-8 broché.		1
A	138	**Apologétique** par TERTULLIEN, traduction de M. Giry. Paris 1684. Joubert, 1 vol. in-18.		1
«	139	**Apologétique** et prescriptions de TERTULLIEN, traduction de l'abbé de Gourry. Paris 1780, Sorin, 1 vol. in-12.		1
O		**Appendice** à l'institution philosophique par PURCHOSE.		1
I	8	**Archives** statistiques du ministère des travaux publics, de l'agriculture et du commerce, publiés par le ministre secrétaire d'état de ce département. Paris 1837, 1 vol.		1
O	261	**Archives** du commerce. 1833.	1	

Lettre du genre de l'ouvrage	Numéros des volumes	A	Volumes manquant	Nombre total des volumes
O	262	**Archives** des sciences morales et politiques. 1834, broché.	1	
I	9	**Aristotelis** opera, tome II, Coloniæ Allobrogorum, 1616, la Rouière, 1 vol. in-8.		1
«	10	**Aristotelis** opera omnia quæ exstant græcè et latinè. Paris 1619, 2 vol.		2
«	11	**Aristotelis** Stagiritæ libri omnes. Lugduni, Hæredes Jacobi Juntæ, Théobald Paganus, 1 vol. in-16.		1
U	229	**Armorial** et généalogies par de la TOUR-VARAN. St-Etienne 1863. 1 vol.		1
E	6	**Arrêts** de la cour de Cassation 1811-12-21-22-23, 6 vol. in-4°.	6	
I	142	**Ars** sanitatem conservandi, par GEOFFROY. Paris 1771, Cavelier, 1 vol. in-8.		1
O	28	**Art** (l') de parler et d'écrire correctement la langue française par de LÉVIZAC. Paris 1818, Remond, 2 vol. reliés en un.		1
«	47	**Art** (l') de peindre à l'esprit. Paris 1758, Lottin, 3 vol. in-12.		3
«	48	**Art** (l') du poète et de l'orateur, nouvelle rhétorique à l'usage des colléges. Lyon 1765, Périsse, 1 vol		1
U	54	**Art** (l') de fixer dans la mémoire les faits les plus remarquables de l'histoire de France. Paris 1763, Gogué, 1 vol. in-12.		1
O	394	**Art** (l') à travers les mœurs (HAVARD). Paris, Decaus et Quantin 1874, 1 vol. in-4°.		
I	210	**Art** (l') du chant par TOSI, opinions sur les chanteurs anciens et modernes ou observations sur le chant figuré, traduit de l'italien par Théophile Lemaire. Paris 1874, 1 vol. in-18.		1
«	127	**Art** (l') du peintre, du doreur, du vernisseur par WATTIER. Paris 1776, 1 vol. in-8.		1
«	216	**Artistes** anciens et modernes, par CLÉMENT Charles. Paris, Didier, 1 vol. in-18.		1
E	7	**Assises** (les grandes) de la Hte-Loire en 1857, Baptiste Boudet, 1 vol. in-12, 4 exemplaires donnés par M. Mathieu de Bar, avocat, ancien élève du collége de St-Chamond.		1
I	191	**Astronomie** populaire (F. ARAGO) sous la direction de M. Jules Barral. Paris 1857, Gide, 4 vol. in-8.		4
U	250	**Astronomie** populaire, par FLAMMARION. Paris, Marpon, 1880, 1 vol.		1
O	145	**Atelier** (l') d'un peintre, scène de la vie privée, par Mme DESBOR-DES-VALMORE. Paris 1883, Charpentier, 2 vol. in-8 reliés en 1.		1
U	222	**Atlas** historique et géographique par HOUZÉ. Paris 1859, 1 v. in-4°		1
O	64	**Avenir républicain**, journal.		
A	90	**Avent** (l') par MASSILLON. Paris 1775, 1 vol. in-12.		1
O	363	**Aventures** du capitaine Hatteras par J. VERNE. Paris, 1 v. in-8.		1
«	367	**Aventures** de trois Russes et de trois Anglais par J. VERNE. Paris, 1 vol. in-8.		1
«	156	**Aventures** de Télémaque, par FÉNÉLON. Clermont, 1805, 2 v. in-8		2
«	157	**Aventures** de Télémaque par FÉNÉLON, Paris, 1810, 2 v. in-12.		2
U		**Aventures** d'un marin de la garde impériale, prisonnier en Russie, 1833, broché.		1
«		**Aventures** intéressantes (anglais), 2 vol.	1	1

Lettre du genre de l'ouvrage	Numéros des volumes	B	Volumes manquant	Nombre total des volumes
U	76	**Beautés** de l'histoire de l'Inde, par GIRAUD, Paris 1821, 2 vol. in-12.		2
«	77	**Beautés** de l'histoire d'Italie, par GIRAUD. Paris 1820, Eymery, 2 vol. in-12.		2
«	109	**Beautés** et faits mémorables de l'histoire de France, par de PROPIAC. Paris 1822, Eymery, 1 vol. in-12.		1
«	110	**Beautés** de l'histoire de la Suisse, par de PROPIAC. Paris 1822, Eymery, 1 vol. in-12.		1
O	58	**Beautés de Buffon.** Paris 1823, Eymery. 1 vol. in-12.		1
A	8 bis	**Bible,** (la sainte) traduite d'après les textes sacrés par Mgr de GÉNOUDE. Paris 1821, Méquignon, 19 vol.	1	18
«	6	**Biblia** sacra in cujus margine singulorum locorum concordantie diligenter, annotate sunt per Bacalarium de MONTE-ULMI. Venetiis 1492, sumptibus et arte hieronymi de Paganinis Brixiensis, 1 vol. in-8.		1
«	7	**Biblia** sacra vulgatæ, éditionis Sixti V et Clementis VIII, Pont. Max. jussu recognita atque edita, editio nova, distincta versiculis. Lugduni 1733, Valfray, 1 vol. in-8.		1
«	8	**Biblia** sacra vulgatæ editionis Sixti V et Clementis VIII, Pont. Max. auctoritate recognita. Paris 1691, Vitré, 1 vol. in-4º.		1
O	267	**Bibliologue** (le) 16 numéros en une liasse. Paris 1777.	1	
«	92	**Bibliotheca** rhetorum, præcepta et exempla complectens, par le père LEJAY. Paris 1725, Dupuis, 2 vol. in-4º.		2
«	268	**Bibliothèque** nouvelle d'un homme de goût. Paris 1777, 4 vol. in-12.		4
«	269	**Bibliothèque** populaire, ou l'instruction mise à la portée de toutes les classes et de toutes les intelligences. Paris 1832 à 1834, 47 vol. in-32.		47
A	9	**Bibliothèque** janséniste ou catalogue alphabétique des principaux livres jansénistes 1731, 1 vol. in-12.		1
«	38	**Bibliothèque** des auteurs ecclésiastiques contenant l'histoire de leur vie, le catalogue, la critique et la chronologie de leurs ouvrages, par DUPIN. Paris 1688, 20 vol. in-8.		20
«	61	**Bibliothèque** des prédicateurs, par HOUDRY Vincent, contenant les principaux sujets de la morale chrétienne. Lyon, 1712, 8 vol. in-4º.	1	7
		Bibliothèque des prédicateurs (seconde partie) par le même auteur, contenant les mystères de la Vierge. Lyon, Boudet, 1 vol. in-4º.		1
		Supplément aux sujets de morale chrétienne. Lyon, Boudet, 2 vol. in-4º.		2
		Supplément au panégyrique des Saints. Lyon, Boudet, 1 vol. in-4º.		1
		N. B. *La bibliothèque des prédicateurs et ses divers suppléments forment un ouvrage de 23 volumes, il en manque 12.*		
O	295	**Bibliothèque** classique latine, ou collection des auteurs classiques latins, par LEMAIRE. Paris 1821, Didot, 151 vol. in-8. (Il manque un volume de Plaute).	1	150
«	270	**Biographe** (le) et le nécrologe réunis en une liasse.		1
U	98	**Biographie** universelle, ancienne et moderne, par MICHAUD. Paris 1811, 52 vol. in-8.		52

B

Lettre du genre de l'ouvrage	Numéros des volumes	B	Volumes manquant	Nombre total des volumes
A	157	**Bourdaloue**, sa prédiction et son temps, par A. FEUGÈRE. Paris, Didier, 1 vol in-18.		1
«	14	**Breviarium** parisiense. Paris, 4 vol. in-12.		4
I		**Bulletin** consulaire Français ou recueil de rapports commerciaux.		
«	19	**Bulletin** du ministère de l'agriculture et du commerce.		
«	20	**Bulletin** de la société d'agriculture, arts et commerce de la Loire, section de l'arrondissement de St-Etienne. St-Etienne, Boyer, 15 vol. in-8.		15
«	21	**Bulletin** de la société d'encouragement pour l'industrie nationale, publié avec l'approbation du ministre du commerce et des travaux publics, de 1832 à 1867, 36 vol. in-8.		36

C

Lettre du genre de l'ouvrage	Numéros des volumes		Volumes manquant	Nombre total des volumes
O		**Cabinet** de lecture, 2me semestre 1832.		1
		— 1er trimestre 1833.		1
«	26	**Cacographie** nouvelle, par LETELLIER. Paris 1823, Belin le Prieur, 1 vol. in-12.		1
U	3	**Cahiers** d'histoire, par BURETTE, une liasse comprenant 19 cahiers.		1
«	211	**Cahiers** de géographie historique, géographie ancienne. Paris 1838, 1 vol. in-12.		1
«	212	**Cahiers** de géographie historique, géographie politique des temps modernes, par Henri WALLON. Paris 1838, Chamerot, 1 vol. in-12.		1
O	386	**Capitaine** (un) de 15 ans, par Jules VERNE, 1 vol. in-8.		1
E	8	**Caractères** (des) auxquels on doit reconnaître les substitutions prohibées par le Code civil. Paris 1819, 1 vol. in-8.		1
I	18	**Caractères** par LA BRUYÈRE. Paris 1826, 2 vol. in-8.		2
A	90	**Carême** (le) de MASSILLON, 1775, 4 vol. in-12.		4
O	133	**Carmina** selecta orationesque clarissimorum quorumdam in universitate Parisiensi professorum. Paris 1727, Guillau, 2 vol. in-12.		2
«	333	**Cartes** chronologiques de la famille Napoléon et de la famille des Bourbons Capétiens. 3 vol.	3	
U		**Catalogue** des livres de la bibliothèque de feu M. de Maupas (1821).		1
«	175	**Catalogue** des livres imprimés et manuscrits de la bibliothèque de feu M. le baron Dacier. Paris 1833, Leblanc, 1 vol. in-8.		1
A	48	**Catéchisme** historique, par FLEURY. Lyon 1810, Rusand, 1 vol. in-12.		1
«	19	**Catéchisme** de Montpellier. Paris 1730, 5 vol. in-12.		5
«	20	**Catéchisme** de Bruxelles, 1730, 5 vol. in-12.		5
«	55	**Catéchisme** (le) ou introduction au symbole de la foi, par LOUIS DE GRENADE, traduit en français par M. Girard, conseiller du roi. Paris 1676, tome IV, in-8.		1
«	56	**Catéchisme** (le) ou introduction au symbole de la foi, par LOUIS DE GRENADE. Paris 1711, 4 vol. in-8.		4
O	406	**Catéchisme** du soldat, par CHARPENTIER. Paris, Bachelier, 1 vol. in-12 broché.		1
I	57	**Cause** (la) des esclaves nègres et des habitants de la Guinée, par FROSSART. Lyon 1789, De la Roche, 1 vol. in-8.		1
O	155	**Cent** fables, par FAERNI. Paris 1802, Hocquart, 1 vol. in-8 broché.		1
A	116	**Certitudes** des principes de la religion contre les nouveaux efforts des incrédules, par REGNIER. Paris 1782, Berton, 6 vol. in-12.		6
O	365	**Chancellor** (le), par Jules VERNE. Paris, 1 vol. in-8.		1
»	360	**Chansons** et poésies, par DUPONT. Paris 1871, Garnier, 1 vol. in-18 broché.		1
»	217	**Chansons**, romances et ballades, par RENAL Antony. Paris 1836, Souverain, 1 vol. in-18.		1
E	85	**Charte** accordée aux habitants de Magnac par Ithier III, chevalier, seigneur de Magnac, par NORMAND. Péronne 1875, 1 vol.		1

Lettre du genre de l'ouvrage	Numéros des volumes	C	Volumes manquant	Nombre total des volumes
O	342	**Châtiments** (les) Victor HUGO. Londres 1871, 1 vol. in-12.		1
«	349	**Chefs-d'œuvre de Corneille** avec le commentaire de Voltaire. Paris 1821, Cotelle et Janet, 1 vol. in-8.		1
«	59	**Chefs-d'œuvre** d'éloquence poétique. Paris 1780, Nyons, 1 vol. in-12.		1
I	61	**Choix** d'une profession industrielle, par HILLART. Paris 1844, 1 vol. in-12.	1	
U	160	**Choix** de voyages dans les quatre parties du monde, par MACCARTHY. Paris 1823, Dabod, 15 vol. in-12.		15
O	95	**Choix** des meilleurs morceaux de MASSILLON. Paris 1822, 1 vol. in-12.		1
U	210	**Chronique** de la Régence et du règne de Louis XV, par BARBIER 1718-1763. Paris 1857, Charpentier, 8 vol. in-8.		8
«		**Chroniques** par FROISSART, 1 vol.		1
A	3	**Cité de Dieu**, par St-AUGUSTIN, traduction du père Lambert. Bourges 1818, Gilles, 3 vol. in-8.		3
E	59	**Code** universitaire, par RENDU. Paris 1835, 1 vol. in-8.		1
«	60	*Code de l'enregistrement, du timbre, du droit de guerre et des hypothèques,* par RONDONNEAU. Paris 1810, 1 vol. in-12.		1
«	61	**Code** civil annoté, par SIREY. Paris 1819, 1 vol. in-4º.		1
«	49	**Code** des ouvriers ou recueil méthodique des lois et règlements concernant les ouvriers, chefs d'atelier, contre-maîtres, compagnons, apprentis. Paris 1833, 1 vol. in-18.	1	
«	14	**Code Napoléon**, 1 vol. petit in-12.		1
«	16	**Code** rural ou maximes et règlements concernant les biens de *campagnes. Paris 1762, 2 vol. in-12.*		2
«	13	**Code** des délits et des peines. Paris 1802, 2 vol. in-12.		1
«	15	**Code** de procédure civile avec des notes explicatives rédigées par des jurisconsultes qui ont concouru à sa confection. Paris 1810, 6 vol in-8 reliés en trois.		3
«	12	**Code** de commerce avec des notes explicatives. Paris 1810, Gratiot, 2 vol. in-12.	1	1
«	10	**Code** civil avec des notes explicatives rédigées par des jurisconsultes qui ont concouru à la confection du Code. Paris 1805, 9 vol. in-8 reliés en six.	1	5
«	11	**Code** civil ou série des lois qui le composent avec leurs motifs. *Paris 1803, 6 vol. in-8.*		6
«	21	**Code** ecclésiastique. Rouen 1770, 3 vol. in-12.		3
«	33	**Code** des contributions directes et indirectes, par FLEURIGEON. Paris, Garnery, 1 vol. in-8.		1
«	17	**Codes** des tailles. Paris 1723, 1 vol. in-12.		1
I	111	**Collection** de manuels, par RORET. Paris 1837, 86 vol. in-18.	15	71
E	24	**Collection** de décisions nouvelles et de notions relatives à la jurisprudence actuelle, par DENISARD. Paris 1771, Desaint, 4 vol. in-4º.		4
«	18	**Collection** relative au projet de loi sur la police de la presse, Paris 1827, 1 vol. in-8.		1
«		**Collection** de bulletins et rapports concernant les caisses d'Epargne, les fontaines et d'autres objets d'administration, etc.		

Lettre du genre de l'ouvrage	Numéros des volumes	C	Volumes manquant	Nombre total des volumes
I	230	**Collection Armengaud** ou publication industrielle des machines, outils et appareils les plus perfectionnés et les plus récents, employés dans les différentes branches de l'industrie française et étrangère, depuis 1857.		
«	45	**Colloques** (les) choisis d'ERASME. Paris 1763, Brocas, 1 vol. in-16.		1
«	44	**Colloquia** familiaria repurgata, ERASME. Paris 1691, Thibourt, 1 vol. in-12.		1
O	205	**Comédies** de PLAUTE, traduites en français par Mlle Lefèvre. Paris 1730, Thierry, 3 vol. in-12.		3
«	134	**Comédies** choisies de Marc PLAUTE et de Pub. TERENCE. Paris 1778, 1 vol. in-12.		1
A	15	**Commentaire** littéral sur tous les livres de l'ancien et du nouveau Testament, par CALMET (Dom Augustin). Paris, Emery, 25 vol. in-4°.		25
«	147	**Commentaire** sur le cantique des cantiques, par de VEIL. Paris 1676, 1 vol. in-12.		1
O	49	**Commentaires** sur les épîtres d'Ovide, par BACHET-GASPAR, seigneur de Meziriac. La Haye 1716, Du Sauzet, 2 vol. in-8.		2
«	54	**Commentaires** sur la Henriade, par DE LA BEAUMELLE, 1 vol. in-4°		1
U	32	**Commentaires** de CÉSAR, traduction de Perrot. Lyon, 2 vol. in-12, 3 exemplaires.		6
O	291	**Composition** (la) française du baccalauréat, par l'abbé James CONDAMIN. Lyon 1884, Vitte et Perussel, 1 vol. broché. **Don** de l'auteur.		1
E	79	**Compte-rendu** aux citoyens de St-Chamond de tous les titres qui établissent leur immunité illimitée du droit de Leyde, par un de leurs concitoyens, 1772.		1
«	19	**Comptes** généraux de l'administration de la justice civile et commerciale, en France pendant les années 1834, 1835, 1836, 1837, 1841, 1842, 1843, 1844, à Paris pendant 1837, 1836, 1838, 1843, 1844, 1845, 1846, 7 vol. in-folio.		7
U	237	**Comte** (le) de Plélo, un gentilhomme français au XVIIIᵉ siècle, guerrier, littérateur et diplomate, par RATHERY. Paris, Plon et Cⁱᵉ 1876, 1 vol. in-8.		1
O	97	**Conciones** poeticæ, par NOEL. Paris 1803, 1 vol. in-12.		1
«	97 bis	**Conciones** poeticæ, par NOEL. Paris 1803, 1 vol, in-12.		1
«	67	**Conciones** et orationes ex Salusti, Titi-Livi, Taciti et Quinti-Curtii historiis collectæ. Lyon 1826, Rusand, 1 vol. in-12.		1
A	33	**Conduite** des confesseurs dans le tribunal de la pénitence, par DAON. Paris 1778, Berton, 1 vol. in-12.		1
«	133	**Conférences** ecclésiastiques sur plusieurs points importants de la morale chrétienne, par SEMÉLLIER. Bruxelles 1755, 6 vol. in-12.		6
«	134	**Conférences** ecclésiastiques sur le décalogue. Bruxelles 1759, 4 vol. in-12.		4
«	90	**Conférences** et mandements de MASSILLON, 2 vol. in-12.		2
«	90	**Conférences** de MASSILLON. Paris 1746, 3 vol. in-12.		3
«	28	**Conférences** ecclésiastiques du diocèse de Lodève. Paris 1749, Coignard, 5 vol. in-12.		5

C

Lettre du genre de l'ouvrage	Numéros des volumes		Volumes manquant	Nombre total des volumes
A	18	**Confesseurs** (les) de la foi dans l'Église gallicane à la fin du XVIIIe siècle. Paris 1820, 4 vol. in-8.		4
I	29	**Confidences** philosophiques. Genève 1779, 1 vol in-8.		1
O	275	**Congrès** scientifique de France, grande session tenue à Lyon en septembre 1841. Lyon 1842, 2 vol. in-8.		2
«	68	**Connaissance** des poètes les plus célèbres. Paris 1752, Didot, 2 vol. in-12.		2
I	17	**Connaissance** (de la) de Dieu et de soi-même, par BOSSUET. Paris 1741, Alix, 1 vol. in-12.		1
A	132	**Connaissance** (de la) et de l'amour du fils de Dieu N. S. J. C., par le P. SAINT-JURE. Lyon 1821, Perisse, 5 vol. in-8.		5
I	42	**Conseils** adressés aux ouvriers parisiens, par Charles DUPIN. Paris, Didot, 1 vol. in-18 broché.	1	
«	31	**Conseil** général de la Loire, rapport de M. le Préfet et autres et procès-verbaux des délibérations. Sessions de 1839, 1843, 1844, 1845, 1847 à 1857 inclusivement, 14 vol. in-8 brochés.		14
«	30	**Conseils** généraux de l'agriculture, des manufactures et du commerce. Sessions de 1841, 1842, 1845, 1846, 1850. Paris, 31 vol. in-8 brochés.		31
«	169	**Conseils** aux habitants de St-Etienne sur les moyens de se préserver du choléra, par SOVICHE. St-Etienne 1832, 1 vol. in-8 broché.		1
O	276	**Conservateur** (le) Paris 1818, Lenormant, 6 vol. in-8.		6
I	39	**Considérations** sur les mœurs du siècle, par DUCLOS. Amsterdam 1751, 1 vol. in-12.		1
A	27	**Consilii** sacrosancti et œcumænici tridentini canones et decreta. Lyon 1712, 1 vol. in-12.		1
E	76	**Constitutions** de la Suisse fédérale et des Etats-Unis d'Amérique. Lyon, 1 vol. in-8.		1
O	51	**Construction** (de la) oratoire, par BATTEUX. Paris 1763, Desaint, 1 vol. in-12.		1
E	80	**Consultation** sur la Leyde dûe au seigneur de St-Chamond. Lyon 1773, brochure in-4°.		1
O	135	**Contes** du Cheik-el-Mohdy, traduits de l'Arabe d'après le manuscrit original, par J.-J. MARCEL. Paris 1835, Dupey, 3 vol. in-8.		3
E	20	**Contrôleur** (le) de l'enregistrement. Paris, 4 vol. in-12 reliés en deux.		2
O	277	**Conversations** (les) d'Emilie. Paris et Liége 1784, Ploncteux, 2 vol. in-12.	1	1
«	69	**Conversations** sur la critique de la princesse de Clèves. Lyon 1679, Thomas Amaury, 1 vol. in-12.		1
		Copie de l'instruction adressée aux maires relativement à l'apposition d'une marque sur les tissus de cotons, 1 vol. broché.		1
O	222	**Carminum** libri quatuor, par SANADON. Paris 1754, Barbou, 1 vol. in-12.		1
I	127 bis	**Correspondance** authentique de la cour de Rome avec la France depuis l'invasion de l'Etat romain jusqu'à l'enlèvement du Souverain Pontife, 1809, 1 vol. in-8.		2

C

Lettre du genre de l'ouvrage	Numéros des volumes		Volumes manquant	Nombre total des volumes
A	1	**Couronne** (la) de l'année chrétienne ou méditations sur les principales et plus importantes vérités de l'Evangile. Lyon 1804, Rusand, 2 vol. in-12.		2
«	2	— Paris, Courterot, 2 vol. in-12.		2
«	2 bis	— Paris 1768, Josse, 1 vol. in-12.		1
O	70	**Cours** complet de rhétorique. Paris 1804, Langlois, 1 vol. in-8.		1
A	31	**Cours** d'instructions familières pour les dimanches, les fêtes et autres jours remarquables de l'année. Lyon 1807, Rusand, 5 vol. in-12.		5
I	133	**Cours** d'histoire naturelle. Paris 1770, Lacombe, 7 vol. in-12.		7
O	7	**Cours** complet de thèmes grecs. Paris 1828, Delalain, 1 vol. in-8.		1
I	199	**Cours** de l'histoire de la philosophie, 2 vol. in-8.	1	1
«	223	**Cours** élémentaire de mécanique théorique et appliquée, par DELAUNAY. Paris 1873, Masson, 1 vol. in-12.		1
O	89	**Cours** de littérature ancienne et moderne, par la HARPE. Paris 1813, 8 vol. in-12.		8
«	247	**Cours** familier de littérature, LAMARTINE. 28 vol. in-8.		28
I	112	**Cours** d'agriculture pratique, par ROUGIER DE LA BERGERIE. Paris 1819, Audot, 8 vol. in-8.		8
A	151	**Critique** générale du livre de M. de Montgeron sur les Miracles de M. l'abbé Paris, par DES VŒUX. Amsterdam 1760, 2 vol. reliés en un.		1
O	292	**Croquis** artistiques et littéraires, par l'abbé James CONDAMIN, Paris 1883, E. Leroux, 1 vol. broché. Don de l'auteur.		1
U	167	**Curiosités** (les) universelles par de PROPIAC. Paris 1823, Eymery, 2 vol. in-12 reliés en un.		1

Lettre du genre de l'ouvrage	Numéros des volumes	D	Volumes manquant	Nombre total des volumes
A	32	**Daniel** traduit en français. Paris 1691, Despretz, 1 vol. in-12.		1
O	188	**De bello civili,** par LUCAIN. Lyon 1670, 1 vol in-12		1
«	117	**Décadence** (de la) des lettres et des mœurs depuis les Grecs et les Romains jusqu'à nos jours, par REIGOLEY de JUVIGNY. Paris 1787, Mérigot, 1 vol. in-8.		1
I	14	**Déisme** (le) refuté par lui-même, par BERGIER. Paris 1768, Humblot, 1 vol. in-12.		1
A	74	**Délices** (les) de la religion ou le pouvoir de l'Evangile pour nous rendre heureux, par l'abbé LAMOURETTE. Paris 1789, Mérigot, 1 vol. in-12.		1
I	69	**De naturâ** rerum libri sex. Accedunt selectæ lectiones dilucidando poemati appositæ, par LUCRETIUS. Paris 1744, 1 vol. in-12.		1
U	232	**Description** du pays des Ségusiaves, par Auguste BERNARD. Paris, chez DUMOULIN. Lyon, chez Auguste Brun 1858, 1 vol. in-8.	1	
I	203	**Description** du musée lapidaire de la ville de Lyon, par le docteur A. COMARMOND. Lyon 1846, Dumou in, 1 vol. in-4°.		1
«	204	**Description** des antiquités et objets d'arts contenus dans les salles du Palais des arts de la ville de Lyon, par le docteur A. COMARMOND, 1 vol. in-4°.		1
U	172 ter	**Description** géologique et minéralogique du département de la Loire, par GRUNER. Paris 1857, 1 vol. in-8.		1
I	59	**Description** méthodique des produits de l'industrie sérigène de la Chine, par Isidore HEDDE. St-Etienne 1848, 1 vol. in-8. Hommage de l'auteur.		1
«	60	**Description** méthodique des produits divers recueillis dans un voyage en Chine, par Isidore HEDDE. St-Etienne 1848, 1 vol. in-8 broché. Hommage de l'auteur.		1
«	176	**Destinée** sociale, par CONSIDÉRANT Victor. Paris 1851, 2 vol. in-12.		2
«	180	**Destinées** de l'homme dans les deux mondes, par Hte RENAUD. Paris 1862, 1 vol. in-12.		1
O	79	**Dialogues** sur l'éloquence, par FÉNELON. Paris 1774, Estienne, 1 vol. in-12.		1
«	80	Les mêmes. Paris 1843, Hachette, 1 vol. in-12.	1	
«	15	**Dictioniarium** seu latinæ linguæ thesaurus. Paris 1543, 3 vol. in-folio.		3
U	173	**Dictionnaire** des ouvrages anonymes et pseudonymes, par BARBIER. Paris 1822, Barroie, 4 vol. in-8.		4
O	2	**Dictionnaire** de 8 langues (octolingue), par CALEPINI Ambroisi. Lyon 1681, 2 vol. in-folio.		2
A	17	**Dictionnaire** historique et critique de la bible, par Dom Augustin CALMET. Paris 1730, Emery, 4 vol. in-folio.		4
I	131	**Dictionnaire** des plantes usuelles, par CHOMEL, Paris 1739, Clouzier, 3 vol. in-12.		3
O	3	**Dictionnaire** abrégé de la fable, par CHOMPRÉ. Paris 1753, Desaint et Saillant, 1 vol. in-12.		1
«	4	**Dictionnaire** abrégé de la fable, par CHOMPRÉ. Paris 1768, 1 vol in-12.		1

Lettre du genre de l'ouvrage	Numéros des volumes	D	Volumes manquant	Nombre total des volumes
O	5	**Dictionnaire** pour servir à l'intelligence des auteurs grecs et latins, par CHRISTOPHE. Paris 1805, Duvergé, 2 vol. in-8.		2
«	45	**Dictionnaire** Espagnol-Français et Français-Espagno', par CORMON. Lyon 1800, 2 vol. in-8.		2
E	23	**Dictionnaire** du Code du commerce, par DAUBENTON. Paris 1808, Buisson, 2 vol, in-12 reliés en un donné par M. Richard Witton.		1
A	34	**Dictionnaire** portatif historique, critique et moral de la Bible. Paris 1760, 2 tomes reliés en 1 vol. in-8.		1
E	26	**Dictionnaire** des droits d'enregistrement, de timbre, de greffe et d'hypothèque. Paris, P. Gratiot, 2 vol. in-8.		2
F	35	**Dictionnaire** philosophique (Voltaire?). Paris 1762, Guilly, 1 vol. in-8.		1
«	36	**Dictionnaire** social et patriotique. Amsterdam 1770, 1 vol. in-12.		1
«	137	**Dictionnaire** minéralogique et hydraulogique de la France. Paris 1772, Costard, 4 vol. in-8.		4
O	8	**Dictionnaire** de l'Académie française. Paris 1694, 2 vol. in-folio.		2
«	9	— — Nîmes 1778, Beaune, 2 vol. in-4°.		2
«	10	— — Paris 1835, Didot, 3 vol. in-4°.		3
«	11	**Dictionnaire** (complément du) de l'Académie française. Strasbourg 1782, Konig, 1 vol. in-4°.		1
«	12	**Dictionnaire** (nouveau) Français-Allemand. Strasbourg, 1 vol. in-4°.		1
«	13	**Dictionnaire** de Trévoux. Nancy 1740, 6 vol. in-folio.		6
«	14	— — Paris 1743, Delaune, 6 vol. in-folio.		6
«	281	**Dictionnaire** chronologique et raisonné des découvertes, inventions, etc., dans les sciences, la littérature, etc., de 1789 à la fin de 1820. Paris 1822-1824, 17 vol. in-8.		17
«	282	**Dictionnaire** de la conversation et de la lecture, suivi du répertoire des connaissances utiles. Paris, Belin, 65 vol. in-8.		65
«	283	**Dictionnaire** des gens du monde. Paris 1771, 3 vol. in-8.		3
U	4	**Dictionnaire** historique, littéraire et critique, 1758, 6 vol. in-8.		6
«	5	**Dictionnaire** historique, géographique, poétique, etc. Lyon 1603, Pillehotte, 1 vol. in-4°.		1
«	178	**Dictionnaire** historique des auteurs ecclésiastiques. Lyon 1767, Bessiat, 4 vol. in-8.		4
«	8	**Dictionnaire** historique, par FELLER. Lyon 1821, Rolland, 10 vol. in-8.		10
E	53	**Dictionnaire** historique d'éducation, par FILASSIER. Paris 1818, 3 vol. in-8.		3
O	375	**Dictionnaire** du patois forézien. Lyon 1863, Brun. 1 vol.	1	
»	21	**Dictionnaire** chinois, français et latin, par GUIGUES. Paris 1813, 1 vol. in-folio.		1
I	217	**Dictionnaire** des arts et manufactures, de l'agriculture, des mines, etc., par LABOULAYE. Paris, 3 vol. in-4°.		3
«	64	**Dictionnaire** portatif des Beaux-Arts, par LACOMBE. Paris 1755, Hérissant, 1 vol. in-8.	1	
O	25	**Dictionnaire** universel, français et latin, par le père LEBRUN. Rouen 1760, Lallemand, 1 vol. in-4°.	1	

Lettre du genre de l'ouvrage	Numéros des volumes	**D**	Volumes manquant	Nombre total des volumes
O	27	**Dictionnaire** comique, satirique, critique, burlesque, libre et proverbial, par Phil. Joseph LEROUX, Amsterdam 1750, 1 vol. in-8.		1
«	30	**Dictionnaire** étymologique de la langue française, par MÉNAGE Paris 1650, Briasson, 2 vol.		2
«	33	**Dictionnaire** étymologique des mots français dérivés du grec, par MORIN. Paris 1803, Caprelet, 1 vol. in-8.		1
I	159	**Dictionnaire** de physique, par PAULIAN. Nîmes 1781, Gaude. 5 vol. in-8.		5
O	314	**Dictionnaire** critique, littéraire et bibliographique des principaux livres condamnés au feu, supprimés ou censurés, précédé d'un discours sur ces sortes d'ouvrages, par PEIGNOT, Paris 1806, Renouard, 2 vol.		2
«	39	**Dictionnaire** des rimes, par RICHELET. Paris 1778, 1 vol. in-8.		1
I	168	**Dictionnaire** des merveilles de la nature, par SIGAUD de la FOND. Paris 1790, Desroy, 2 vol. in-8.		2
«	171	**Dictionnaire** raisonné de l'histoire naturelle universelle, par VALMONT-BOUCARE, Lyon 1800, Bruyset, 15 vol. in-8.		15
U	251	**Dictionnaire** des contemporains, par VAPEREAU. Paris 1856, Barbou, 1 vol. in-12.		1
O		**Dictionnaire** universel du XIXᵉ siècle, par P. LAROUSSE. 16 v.		16
«	44	**Dictionnaire** poétique. Lyon 1722, Bruyset, 15 vol. in-8.		15
«	46	**Discours** d'Aguesseau. Lyon 1822, Boget, 2 vol. in-12.	1	1
U	213	**Discours**, messages et proclamations par L. N. BONAPARTE. Paris 1860, Plon, 1 vol. in-8.		1
O	60	**Discours** de Tullius CICERON. Paris 1768, 5 vol. in-12.		5
I	193	**Discours** sur les révolutions de la face du globe, par CUVIER. Paris 1828, 1 vol. in-8.		1
O		**Discours** sur l'avenir de la classe ouvrière, par Ch. DUPIN.		1
«		**Discours** de M. SAINT-CRICK sur le projet de loi sur les entrepôts des grains étrangers.		1
A	35	**Discours** de piété sur les plus importants objets de la religion. Paris 1745, Saillant, 3 vol. in-12.		3
I	55	**Discours** du général FOY précédés d'une notice biographique, par M. Tissot, d'un éloge par M. Etienne et d'un essai sur l'éloquence politique en France, avec partrait et fac-simile. Paris 1826, Moutardier, 2 vol. in-8.		2
O	88	**Discours** sur le progrès des lettres en France, par de JUVIGNY. Paris 1782, De Bur, 1 vol. in-8.		1
I	113	**Discours** qui a remporté le prix à l'Académie de Dijon en l'année 1750, par ROUSÉAU, 1 vol. in-12.		1
O	400	**Discours** politiques et écrits divers, par LEDRU-ROLLIN, 2 vol. in-8 brochés, Germer-Baillière, 1879. Hommage de Mᵐᵉ veuve Ledru-Rollin.		2
E		**Dispositions** réglementaires du dépôt des laines et lavoir public.		1
I	141	**Dissertation** sur la péripneumonie, par GAY. Paris 1815, Didot, 1 vol. in-8 broché.		1
I	72	**Dissertations** de Maxime de Tyr, Lyon 1607, 2 vol. in-12.		2

Lettre du genre de l'ouvrage	Numéros des volumes	**D**	Volumes manquant	Nombre total des volumes
I	37	**Distribution** solennelle des prix Napoléon aux ouvriers les plus méritants de l'agriculture et de l'industrie de la Loire. St-Etienne 1854, 1 vol. in-8		1
A	36	**Diurnale** parisiense, pars æstiva. Paris, Boudet, 1 vol. in-12.		1
U	67	**Dix livres** de l'histoire de Canada, par CREUXIOT. Paris 1664, 1 vol. in-4º.		1
O	361	**Docteur** (le) **Ox,** par Jules VERNE. Paris, 1 vol. in-8.		1
A	82	**Doctrine** chrétienne en forme de lecture de piété, par LHOMOND. Paris 1810, 1 vol. in-12.		1
I	38	**Documents** statistiques sur la France, publiés par M. le Ministre du commerce, 1835. vol. in-4º.		
U	70	**Documents** inédits sur l'histoire de France. Paris, Imprimerie royale, 153 vol. cartonnés.		153
«	223	**Drame** (le) de Metz, par le R. P. MARCHAL. Lyon 1871, Josserand, 1 vol. in-8 broché.		1

E

Lettre du genre de l'ouvrage	Numéros des volumes		Volumes manquant	Nombre total des volumes
I	138	**Eaux** (des) de source et des eaux de rivière comparées sous le double rapport hygiénique, etc., par Alphonse DUPASQUIER. Paris 1840, Baillière, 2 vol. in-8 reliés en un.		1
«	170	**Eaux** (des) potables à distribuer pour l'usage des particuliers et le service public. Rapport présenté au Conseil municipal par M. TERME, Maire de Lyon, 1 vol. in-4° broché.	1	
E	77	**Ebauche** d'un cours préliminaire de droit naturel par A. de W***. Lyon 1829, Barret, 1 vol.		1
A	41	**Ecclésiaste** (l') de Salomon traduit en français par les auteurs des principes discutés. Paris 1771, Hérissant, 1 vol. in-12.		1
I	15	**Ecole** (l') des mœurs, par BLANCHARD. Liége 1782, 3 vol. in-12.		3
A	42	**Economie** de la providence dans l'établissement de la religion. Paris 1787, 2 vol, in-12.		2
I	88	**Education** (de l') publique, par PROYART. Paris 1785, 1 vol. in-12.		1
O	398	**Egale** (l') de l'homme, par GIRARDIN. Paris 1881, Lévy, 1 vol. in-12.		1
I	201	**Eglise** (l') romaine en face de la Révolution, par CRÉTINEAU-JOLY. Paris 1859, Plon. 2 vol. in-8.		2
U	245	**Eglise** (l') et l'Etat en France sous le règne de Henri IV et la régence de Marie de Médicis, par PERRINS. Paris 1873, Durand, 2 vol. in-8.		2
I	164	**Eléments** de géométrie, par RIVARD, Paris 1739, Desaint, 1 vol. in-4°.		1
«	165	**Eléments** de mathématiques, par RIVARD. Paris 1752, Desaint, 1 vol. in-4°.		1
U	13	**Eléments** de l'histoire générale, par MILLOT. Paris 1778. Durand, 9 vol. in-12.		9
«	14	**Eléments** de l'histoire générale, par MILLOT, nouvelle édition, continuée depuis la paix de 1763 jusqu'à l'établissement du Consulat en France, par M. DELISLE des SALES. Paris 1809, 11 vol. in-12.		11
«	101	**Eléments** de l'histoire d'Angleterre, par MILLOT. Paris 1779, Durand, 3 vol. in-12.		3
«	102	**Eléments** de l'histoire de France, par MILLOT. Paris 1778, Durand, 3 vol. in-12.		3
I	155	**Eléments** d'arithmétique, d'algèbre et de géométrie, par MAZEAS. Paris 1776, 1 vol. in-8.		1
O	50	**Eléments** de mythologie avec l'analyse des poèmes d'Homère et de Virgile, par BASSVILLE. Genève 1784, Chirol, 1 vol. in-8.		1
«	397	**Elle et lui,** par Georges SAND. Paris 1869, Michel Lévy, 1 vol. in-12.		1
«	75	**Eloge** historique de J.-B. Dugas-Montbel, par J.-B. DUMAS. Lyon 1835, Barret, 1 vol. in-8.	1	
«	76	**Eloge** historique de François-Alexandre-Frédéric, duc de la Rochefoucauld, 1 brochure in-8.		1
«	218	**Emany,** roman par A. RENAL. 1837, 1 vol. in-8.		1
«	18	**Emploi** (de l') des conjonctions suivies des modes conjonctifs dans la langue grecque. Paris 1814, Eberhart, 1 vol. in-8.		1
«	279	**Encyclopédie** moderne, par COURTIN. Paris 1829, 26 vol. in-8.		26

Lettre du genre de l'ouvrage	Numéros des volumes	E	Volumes manquant	Nombre total des volumes
O	243	**Enéide** de VIRGILE, traduite par J. Delille. Paris 1804, Giguet, 4 vol. in-12.		4
«	364	**Enfants** (les) du capitaine Hatteras, par Jules VERNE. Paris, 1 vol. in-8.		1
U	56	**Enfants** devenus célèbres par leurs études ou leurs écrits, par BAILLET. Paris 1688, Desailler, 1 vol. in-12.		1
I	43	**Entretiens** de Phocion traduits du grec de NICOCLÈS, par l'abbé Mably. Khel 1789, 2 vol. in-12 reliés en un.		1
«	139	**Entretiens** sur la physique et sur l'astronomie. Paris 1825, Boulland, 1 vol. in-12.		1
O	285	**Entretiens** de M. de Voiture et de M. Costar. Paris 1654, 1 vol. in-4°.		1
I	16	**Entretiens** du bonhomme Mathieu, par BONNAIRE. 1840, Loss, 1 vol. in-18 broché.		1
U	7	**Ephémérides** universelles depuis les temps historiques jusqu'à nos jours. 1823-1833, 13 vol. in-8.		13
O	133	**Epigrammata** sacra, moralia, demonstrativa, par BARGIOCCHI. Rome 1644, Roblett, 1 vol. in-12.		1
«		**Episode** tiré du Ve livre d'Orphée. (Erigone).		1
U	124	**Epitome** de l'histoire de France, par SERIEGS. Paris 1805, Samson, 1 vol. in-12.		1
O	73	**Epoque** ou l'écriture fut introduite dans la Grèce, par DUGAS-MONTBEL. 1832, 1 vol. in-8 broché.		1
A	94	**Esprit** du christianisme ou la conformité du chrétien avec Jésus-Christ, par le père NEPVEU.		1
«	104	**Esprit** (l') de Jésus-Christ et de l'Eglise sur la fréquente communion, par le père PICHON. Nancy 1765, Cusson, 1 vol. in-12.		1
I	47	**Esprit** (l') de Leibnitz. Lyon 1772, Bruyset, 2 vol. in-12.		2
O	77	**Esprit** (l') de l'abbé Desfontaines. Londres 1757, 4 vol. in-12.		4
«	286	**Esprit** (l') de l'encyclopédie. Paris 1798 à 1808, 13 vol. in-8.		13
«	324	**Esprit** (l') des bêtes, par TOUSSENEL. Paris 1862, Dentu, 1 vol. in-8.		1
A	43	**Essai** sur le livre de Job. Paris 1768, 2 vol. in-12.		2
O	78	**Essai** de traduction de quelques morceaux de Tacite avec des observations préliminaires sur l'art de traduire, 1 vol. in-12.		1
I	67	**Essai** philosophique concernant l'entendement humain, par LOCKE. Amsterdam 1750, Mortier, 4 vol. in-12.		4
«	156	**Essai** de physique, par MUSSCHENBROOK. Leyde 1739. 2 vol. in-4°.		2
«	157	**Essai** sur les fièvres rémittentes et intermittentes des pays marécageux tempérés. Paris 1828, Gabon, 1 vol. in-8.		1
O	40	**Essai** sur les convenances grammaticales de la langue française, par ROUSSEL de BRÉVILLE. Lyon 1784, 1 vol. in-12.		1
I	228	**Essai** sur les pensées de Joubert, par l'abbé James CONDAMIN. Paris 1877, Didier et Cie, 1 vol. broché. Don de l'auteur.		1
I	71	**Essai** d'économie sociale, par MATHON de FORGÈRES. Paris 1839, Chamerot, 1 vol. 2 exemplaires.		2
«	76	**Essais** (les), par MONTAIGNE. Paris 1823, 5 vol. in-8.		5
E	70	**Etat** des réformés en France 1re partie. La Haye 1685, 1 vol. in-12.		1

E

Lettre du genre de l'ouvrage	Numéros des volumes		Volumes manquant	Nombre total des volumes
E	73	**Etat** (de l') actuel et de la réforme des prisons de la Grande-Bretagne, par MOREAU Christophe. Paris 1838, 1 vol. in-8.		1
U	248	**Eté** (un) dans le Sahara, par Eugène FROMENTIN. Paris 1877, Plon, 1 vol. in-18.	1	
A	158	**Etude** historique sur St-Ennemond, par l'abbé James CONDAMIN. Lyon 1876, Brun, 1 vol. in-18. Don de l'auteur.		1
O	193	**Etude** historique sur le coup d'Etat à Paris en décembre 1851, par TENOT. Paris 1868, 1 vol. in-8.		1
«	194	**Etude** historique sur le coup d'Etat en province en décembre 1851, par TENOT. Paris 1868, 1 vol. in-8.		1
U	223	**Etudes** historiques sur le Forez. Chronique des châteaux et des abbayes, par de la TOUR-VARAN. St-Étienne 1856-1860, 2 vol.		2
«	208	**Etudes** littéraires et historiques, par DE BARANTE. Paris 1858, Didier, 2 vol. in-8.		2
I	22	**Etudes** de morale, par CALLET. Paris 1851, Mequignon, 1 vol. in-12.		1
A	153	**Etudes** sur les trois mondes, par TOCCHI. Lyon 1859, J.-B. Pélagaud.		1
U	205	**Etudes** historiques, politiques et littéraires sur les Juifs d'Espagne, par MAGNABAL. Paris 1861, Durand, 1 vol. in-8 broché.		1
O	112	**Etudes** sur l'odyssée d'Homère, par RACINE. Dix premières livraisons in-8 une liasse.	1	
«	113	**Etudes** sur les Olympiques de Pindare, par RACINE. Une liasse.	1	
A	40	**Evangile** médité et distribué pour tous les jours de l'année, par l'abbé DUQUESNE. Lyon 1804, Rusand, 8 vol. in-12.		8
«	44	**Evangiles** (les saints) traduits de la Vulgate, par M. l'abbé DASSAUCE, vicaire général de Montpellier, illustrés par Tony Johannot, Cavelier, Gerard, Seguin et Bavière. Paris 1836, Curner, 2 vol.		2
A	26	**Examen** et résolution des principales difficultés qui regardent l'office divin, par COLLET. Paris 1772, Bure, 1 vol. in-12.		1
O	93	**Examen** des ouvrages de Voltaire, par LINGUET. Bruxelles 1788, 1 vol. in-8.		1
I	110	**Examen** de la théorie et de la pratique du système pénitentiaire, par LA ROCHEFOUCAULD. Paris 1840, Delaunay, 1 vol. in-8.		1
O	57	**Excerpta** poetarum notis recentioribus illustrata, par BRUNET. Marseille 1807, Mossy, 1 vol. in-12.		1
«	120	**Excerpta** ou morceaux choisis de Tacite, par TACITE. Paris 1805, 1 vol. in-12.		1
U	234	**Excursions** foréziennes, guide de St-Etienne à Montbrison, Boën et Thiers, par RIMAUD. St-Etienne 1876, Théolier, 1 vol. in-12 broché.		1
I	125	**Exempla** quatuor et viginti, nuper inventa ante caput de ominibus, par VALÈRE-MAXIME. Venitiis 1508.		1
«	140	**Exercice** public sur les mathématiques et la physique. 1812, 1 vol. in-8 broché.		1
A	45	**Exode** (l') et le Lévitique avec une explication tirée des Saints Pères et des auteurs ecclésiastiques. Paris 1699, Despretz, 1 vol. in-8.		1

Lettre du genre de l'ouvrage	Numéros des volumes	E	Volumes manquant	Nombre total des volumes
A	84	**Explication** des évangiles et des principales fêtes de l'année, par LA LUZERNE. Breslau 1801, 4 vol. in-12.		4
I	12	**Exploration** commerciale dans les mers du Sud et de la Chine, par ARNAUDTIZON. Rouen 1854, Pérou, 1 vol. in-8 broché.		1
U	154	**Exposé** des principes de géographie. Paris 1835, 1 vol. in-12.		1
I	48	**Exposition** des produits de l'industrie du département de la Somme en 1845. 1846, Yvert, 1 vol. in-8.		1
«	49	**Exposition** des produits de l'industrie locale en 1852-53, Société agricole de St-Etienne. St-Etienne 1854, Théolier, 1 vol. in-8.		1
«	50	**Exposition** universelle 1851, travaux de la commission française sur l'industrie des nations. Paris 1835, 7 vol. in-8.	2	5

F

Lettre du genre de l'ouvrage	Numéros des volumes		Volumes manquant	Nombre total des volumes
I	51	**Fable** (la) des abeilles ou les fripons devenus honnêtes gens. Londres 1740, 3 vo¹. in-12 reliés en deux.		2
O	144	**Fables** traduites en français, par DESBILLONS. Strasbourg 1779, Gay, 2 vol. in-12.	1	«
«	178	**Fables,** par LADOUCETTE. Paris 1827, 1 vol. in-18.		1
«	179	**Fables** choisies de LA FONTAINE avec un nouveau commentaire de M. Coste. Toulouse 1793, 1 vol. in-12.		1
«	180	**Fables** de LA FONTAINE. Alençon an IX, 2 vol. in-12.	2	
«	401	**Fables** de LA FONTAINE avec notice de Walkenaer. Paris 1861, Didot, 1 vol. in-12 broché.		1
«	200	**Fables** (les) égyptiennes et grecques, par PERNETTY. Paris 1758, Bouche, 2 vol. in-12.		2
«	204	**Fables** de PHÈDRE, traduites en Français. Lyon, Michel, 1 vol. in-12.		1
«	143	**Fabulæ** Œsopiæ curisposterioribus omnes fere emendatæ quibus accesserant plus quam CLXX novœ, par DESBILLONS. Paris 1778, 1 vol. in-12.		1
«	181	**Fabulæ** selectæ Fontanii in latinum conversæ, auctore Giraud. Rouen 1775, 1 vol. in-12.		1
«	182	**Fabulæ** selectæ Fontanii, par LA FONTAINE, 2 vol. in-12.		2
«	158	**Fata** Telemachi par FÉNELON. Berlin 1743, 1 vol. in-8.		1
«	186	**Feuilles** aux vents, poésies par Aimé de LOY. Lyon 1840, Boitel, 1 vol. in-8.		1
«	128	**Feuilles** mortes, poésies par BOITEL. Lyon 1836, Boitel, 1 vol. in-8.		1
«	146	**Fleurs** (les), poésies nouvelles, par Mᵐᵉ DESBORDES-VALMORE. Paris 1838, 1 vol. in-8.		1
«	147	**Fleurs** (pauvres), par Mᵐᵉ DESBORDES-VALMORE. Paris 1839, Dumont, 1 vol. in-8.		1
		Ces deux volumes sont reliés en un seul.		
«	358	**Fontaine** (la) de Baktchisaraï, par POUCHIKINE, (légende de Crimée, traduite du russe). Montpellier 1873, 1 vol. in-12 broché. Don de l'auteur.		
I	185	**Force** et matière, par BUCHNER Louis. 1823, Eymery, 1 vol. in-12.		1
«	54	**Forme** (la) et la direction et économie du grand Hôtel-Dieu de N.-D. de Piété du pont du Rhône de la ville de Lyon. 1661, 1 vol. in-4º.		1
«	56	**France** (la) industrielle. Paris 1835, 2 vol. in-8.		2
U	183	**France** (la) littéraire ou dictionnaire bibliographique. Paris 1829, Didot, 20 vol. in-8 reliés en dix.		10
O		**Francicæ** juventiti latinitatis æmulæ.		1
«	288	**Furetiriana** ou les bons mots, etc. de M. de FURETIÈRE. Lyon 1696, 1 vol. in-12.		1

Lettre du genre de l'ouvrage	Numéros des volumes	G	Volumes manquant	Nombre total des volumes
I	214	**Galerie** d'éloges, peinte par M. HELART de Reims, d'après un manuscrit de la bibliothèque du Louvre. Paris 1871, 1 vol. in-18.	1	
U	73	**Galeries** historiques du palais de Versailles. Paris 1839 à 1846, 9 vol. in-8. — *Les cinq premiers donnés par le roi.*		9
I	206	**Galleria** dell' i reale academia delle belle arti di Firenzi. Florence 1845, 1 vol. in-folio.		1
U	93	**Gaule** (la) poétique ou l'histoire de France considérée dans ses rapports avec la poésie, l'éloquence et les beaux-arts, par de MARCHANGY. Paris 1819, 8 vol. in-8.		8
A	51	**Genèse** (la) traduite en français. Paris 1695, Desprez, 1 vol. in-8.		1
«	21	**Génie du Christianisme** (le) ou les beautés de la religion chrétienne, par de CHATEAUBRIAND. Paris 1816, Lenormant, 5 vol. in-8.		5
I	189	**Genoux** (sur les) de l'Eglise, par Ch. SAUVESTRE. Paris 1868, Dentu, 1 vol. in-12 broché.		1
U	157	**Géographie** moderne, par LACROIX. Paris 1780, Delalain, 2 vol. in-12.		2
«	161	**Géographie** universelle des cinq parties du monde, par MALTE-BRUN. Paris, Tardieu, 16 vol. in-8.		16
«	235	**Géographie** universelle, par Elysée RECLUS.		1
«	»	1er volume : *Europe méridionale.*		1
«	»	2e — La France.		1
«	252	3e — Europe centrale.		1
«	253	4e — Europe Nord-Ouest.		1
«	254	5e — Europe Scandinave et Russe.		1
«	255	6e — Asie Russe.		1
«	256	7e — Asie orientale.		1
«	220	**Géographie** de Virgile, ou *notice des lieux dont il est parlé dans les ouvrages de ce poëte*, par HELLIEZ. Paris 1771, 1 vol. in-12.		1
O	242	**Georgiques** de VIRGILE, *traduites en français par M. de Segrais.* Paris 1712, Pierre Huet, 1 vol. in-8.		1
«	351	**Georgiques** de VIRGILE, avec une double traduction par M. Widal. Lyon 1787, Perisse, 1 vol. in-12.		1
«	376	**Glossaire** du centre de la France avec supplément. Paris 1869, Chaix, 2 vol. in-4o reliés en un.		1
U	37	**Græcorum** Respublica ab Urbone ENNETIO descripta. Lyon 1633, 2 vol in-32, Elzévir.		2
O	16	**Grammaire** *française simplifiée.* Paris 1782, Durand, 1 vol. in-12.		1
«	20	**Grammaire** des grammaires, par GIRAULT-DUVIVIER. Paris 1827, Janet et Cotelle, 2 vol. in-8.		2
«	1	**Grammaire** raisonnée, par BOINVILLERS. Paris 1802, 1 vol. in-8, Desjardins.		1
«	41	**Grammaire** italienne pour les dames, par SECRETI. Genève 1787, 1 vol. in-12.		1
A	54	**Grandeur** de J.-C. dans ses souffrances, par un curé du diocèse de Lyon. *Lyon 1769, Jacquenod, 2 vol. in-12.*	1	1

Lettre du genre de l'ouvrage	Numéros des volumes	G	Volumes manquant	Nombre total des volumes
U	16	**Grand dictionnaire** (le) historique, par MORERI. Amsterdam 1740, 10 vol. in-folio, y compris le supplément.		10
I	186	**Grands mystères** (les) par NUS. Paris 1866, 2 vol. reliés en un.		1
O	405	**Grands** (les) navigateurs du XVIIIe siècle, par Jules VERNE, 2 éditions 2 vol. in-4º un broché.		2
I	211	**Gravure** (la) à l'eau-forte, essai historique, par Raoul de SAINT-ARROMAN : « Comment je devins graveur à l'eau-forte » par le comte LEPIC. Paris 1876, Cadart, 1 vol. in-8.		1
O	32 *bis*	**Guerres** des Gaules avec notes manuscrites, par CÉSAR. *(Incomplet, il manque le frontispice).*		1
U	155	**Guide** pittoresque du voyageur en France. Paris 1838, Didot, 6 vol. in-8.		6

Lettre du genre de l'ouvrage	Numéros des volumes	**H**	Volumes manquant	Nombre total des volumes
O	96	**Harangues** choisies des historiens latins, par MILLOT. Avignon 1774, Offray, 2 vol. in-12.	1	1
«	86	**Harangues** choisies des historiens latins. Paris 1805, Barbou, 2 vol. in-12.		2
A	105	**Harmonie** des psaumes et de l'Evangile, par PLUCHE. Paris, 1764, Estienne, 1 vol. in-12.		1
O	384	**Hector Servadac**, par Jules VERNE, 1 vol. in-8.		1
«	244	**Henriade** (la), par VOLTAIRE. Lyon 1807, Périsse, 1 vol. in-12.		1
U	20	**Histoire** sacrée ou précis historique de l'ancien et du nouveau Testament, par Émile de BONNECHOSE. Paris 1839, 1 vol. in-12.		1
«	22	**Histoire** de l'ancien et du nouveau Testament, pour servir d'introduction à l'histoire ecclésiastique de Fleury, par CALMET. Paris 1780, Beaume, 3 vol. in-8.		3
A	129	**Histoire** (l') du vieux et du nouveau Testament, par DE ROYAUMONT. St-Brieuc 1802, Prud'homme, 1 vol. in-8.		1
«	130	Le même. Toul 1807. 1 vol. in-12.		1
«	83	**Histoire** abrégée de la religion avant la venue de Jésus-Christ, par LHOMOND. Lyon 1809, Yvernault, 1 vol. in-12.		1
U	26	**Histoire** abrégée de l'Eglise, par LHOMOND. Lyon 1819, Rivoire, 1 vol. in-12.		1
«	27	Le même. Lyon 1843, 1 vol. in-12.	1	
«	24	**Histoire** ecclésiastique, par FLEURY. Paris 1722, Eymery, 36 vol. in-4º.		36
«	25	**Histoire** de l'Eglise angélique de Notre-Dame du Puy. Le Puy 1693, Delagarde, 1 vol. in-12.		1
A	79	**Histoire** du Concile de Pise, par Jacques LENFANT. Utrecht 1731, Lefèvre, 2 vol. in-4º.		2
E	28	**Histoire** du droit canon, par DURAND. Lyon 1770, 1 vol. in-12.		1
U	130	**Histoire** de France, depuis l'établissement de la Monarchie jusqu'au règne de Louis XIV, par VELLY, GARNIER et VILLARET. Paris 1786, Desaint, 33 vol. in-12 brochés.		33
«	249	**Histoire** de France depuis les temps les plus reculés jusqu'à 1789, par Henri MARTIN. Paris, Furne et Cie, 23 vol. in-8, 17 reliés et 6 brochés.		23
«	136	**Histoire** de France, par MÉZERAY. Paris 1830. 18 vol. in-8.		18
«	117	**Histoire** de la Nation française, par RASTOUT. Avignon, Guichard, 2 vol. in-8.	1	1
«	72	**Histoire** des rois de France, depuis Pharamond jusqu'à notre auguste Monarque, par DE FER. Paris 1722, Danet, 1 vol. in-4º.		1
«	128	**Histoire** de la Révolution française, par THIERS. Paris 1834, Lecointe, 10 vol. in-8.		10
«	187	**Histoire** du Consulat et de l'Empire, par THIERS. Paris 1845, Paulin, 20 vol. in-8.		20
«	189	**Histoire** de la Révolution française, par Louis BLANC. Paris, 4 vol. in-4, belle reliure (gravures).		4
«	190	**Histoire** de 10 ans (1830-1840), par Louis BLANC. Paris, Pagnierre, 5 vol. in-8.		5

Lettre du genre de l'ouvrage	Numéros des volumes	**H**	Volumes manquant	Nombre total des volumes
U	192	**Histoire** de la Révolution de 1848, par GARNIER-PAGÈS. Paris, Degorce-Cadot, éditeur, 10 livraisons in-4, reliées en 1 volume.		1
«	225	**Histoire** de la Révolution de 1870-71, par Jules CLARETIE. 1 vol. in-8, 1872.		1
«	196	**Histoire** du second Empire, par Taxile DELORD. Paris 1869, Garnier-Baillière, 6 vol. in-8.		6
«	188	**Histoire** des deux Restaurations, par VAULABELLE. Paris, Garnier, 8 vol. in-8.		8
«	104	**Histoire** de Napoléon Ier, par DE NORVINS. Paris 1843, Furne, 4 vol. in-8.		4
«	199	**Histoire** de Napoléon Ier, par LANFREY. Paris, Charpentier, 5 vol. in-12.		5
«	191	**Histoire** de huit ans, 1840 à 1848, par Elias REGNAULT. Paris 1860, Pagnerre, 3 vol. in-8.		3
«	118	**Histoire** de Louis XIV, par REBOULET. Amsterdam 1756, Chastelaine, 9 vol. in-12.	1	8
«	88	**Histoire** des Ducs d'Orléans, par LAURENTIE. Paris 1832, Béthune, 4 vol. in-8.	1	3
«	72 bis	**Histoire** du règne de Louis XVI, par Joseph DROZ. Paris, 1839, Renouard, 2 vol. in-8.		2
«	69	**Histoire** de Louis de Bourbon, second du nom, prince de Condé, par DÉSORMEAUX, Paris 1766, Saillant, 4 vol. in-12.	1	3
«	71	**Histoire** critique de l'établissement de la Monarchie française dans les Gaules, par l'abbé DUBOS. Paris 1742, Nyon, 4 vol. in-12.		4
«	60	**Histoire** des guerres de la Vendée et des Chouans depuis l'année 1792 jusqu'en 1815, par BOURNIZEAUX. Paris, 1819, Labbe, 3 vol. in-8.		3
«	214	**Histoire** de la chute du roi Louis-Philippe et de la République de 1848 et du rétablissement de l'Empire, par GRANIER de CASSAGNAC. Paris 1857, Henri Plon, 2 vol. in-8.		2
«	215	**Histoire** des causes de la Révolution française, par GRANIER de CASSAGNAC. Paris 1850, Garnier, 4 vol. in-8.		4
«	18	**Histoire** chronologique de tous les peuples depuis le déluge universel jusqu'à ce jour, par de SAINT-MARTIN. Paris 1824, Naudin-Pichard, 4 vol. in-8.		4
I	212	**Histoire** de la souveraineté ou tableau des institutions et des doctrines politiques comparées, par SUDRE. Paris 1874, Plon, 1 vol. in-8.		1
U	198	**Histoire** politique des Papes, par LANFREY. Paris 1869, Charpentier, 1 vol. in-8.		1
«	139	**Histoire** du canal du Midi, par ANDRÉOSSY. Paris an VIII, Buisson, 1 vol. in-8.		4
«	57	**Histoire** du Forez, par Auguste BERNARD. Montbrison 1835, Bernard, 2 vol. in-8.		2
«	233	**Histoire** de la ville de Feurs et de ses environs, par Auguste BROUTIN. St-Etienne 1867, 1 vol. in-8.		1
«	260	**Histoire** de St-Bonnet-le-Château, par MM. LANGLOIS et CONDAMIN. 1884, 2 vol. in-8.		2

Lettre du genre de l'ouvrage	Numéros des volumes	**H**	Volumes manquant	Nombre total des volumes
«	66	**Histoire** de Lyon depuis sa fondation jusqu'à nos jours, par CLERJON, continuée par J. MAURIN, ornée de figures d'après les dessins de F.-F. Richard. Lyon, 1829, Laurent, 6 vol. in-8.		6
U	176	**Histoire** littéraire de Lyon, par de COLONIA. Lyon 1728, Rigollet, 2 vol. in-4°.		2
«	122	**Histoire** de la ville de Lyon ancienne et moderne, par SAINT-AUBIN. Lyon 1666, Coral, 1 vol. in-folio.		1
«	80	**Histoire,** antiquités, usages, dialectes des Hautes-Alpes. Paris 1820, Frantin, 1 vol. in-8.		1
«	207	**Histoire** de l'empereur Nicolas, par BALLEYDIER. Paris 1857, Plon Henri, 2 vol. in-8.		1
«	33	**Histoire** des empereurs romains depuis Auguste jusqu'à Constantin, par CREVIER. Paris 1766, Saillant, 12 vol. in-12.		12
«	52	**Histoire** des révolutions de la République romaine, par VERTOT. Paris 1781, Nyon, 3 vol. in-12.		3
«	«	Le même. Paris 1719, 3 vol. in-12, 2 exemplaires.		6
«	34	**Histoire** romaine, depuis la fondation de Rome jusqu'à la translation de l'Empire par Constantin. Avignon an II, 12 vol. in-12.		12
«	40	**Histoire** romaine, par MICHELET, 1re partie : République. Paris, Hachette, 2 vol. in-8 reliés en un.		1
«	43	**Histoire** romaine, depuis la fondation de Rome jusqu'à la bataille d'Axium, par ROLLIN. Paris 1782, Etienne, 16 vol. in-12.		13
«	82	**Histoire** de Charles XII, roi de Suède, par VOLTAIRE. 1775, 1 vol. in-8.		1
«	84	**Histoire** d'Angleterre, depuis l'invasion de Jules César jusqu'à l'avènement d'Henri VII, par HUME. Amsterdam 1765, 6 vol. in-12.		6
«	106	**Histoire** des révolutions d'Angleterre, par le père d'ORLÉANS, Paris 1794, 4 vol. in-12 (2 exemplaires).		8
«	39	**Histoire** du Bas-Empire en commençant à Constantin-le-Grand, par LEBEAU. Maëstricht 1780, Dufour, 27 vol. in-12.		27
«	94	**Histoire** de Saladin, sultan d'Egypte et de Syrie, par MARIN. Paris 1758, Tillard, 2 vol. in-12.		2
«	120	**Histoire** du règne de l'empereur Charles-Quint, par ROBERTSON. Paris 1771, 6 vol. in-12.		6
«	114	**Histoire** de Stanislas Ier, roi de Pologne, par PROYART. Lyon 1784, Bruysset, 2 vol. in-12.		2
«	41	**Histoire** d'Alexandre-le-Grand, par QUINTE-CURCE, traduite par Beauzée. Lyon 1810, Rusand, 8 vol, in-12.		2
«	«	Le même. Avignon 1805, 2 vol. in-12.		2
«	64	**Histoire** du Paraguay, par CHARLEVOIX. Paris 1757, Ganeau, 6 vol. in-12.		6
I	24	**Histoire** et description des voies de communication aux Etats-Unis et des travaux d'art qui en dépendent, par Michel CHEVALLIER. Paris 1840, Gosselin, 3 vol. in-4° brochés.	1	3
U	129	**Histoire** générale de l'Amérique depuis sa découverte. Paris 1768. Hérissant, 14 vol. in-12.		13
«	131	**Histoire** de Malte, par VERTOT. Amsterdam, 1742, 1 vol. in-12.		1
«	131	**Histoire** des chevaliers de Malte, par VERTOT. Amsterdam 1772, 5 vol. in-12.		5

Lettre du genre de l'ouvrage	Numéros des volumes	**H**	Volumes manquant	Nombre total des volumes
U	133	**Histoire** des révolutions de Suède. Paris 1773, 2 vol. in-12.		2
«	135	**Histoire** des gouvernements du Nord, par WILLIAMS. Iverdon 1780, 6 vol. in-12.		6
«	113	**Histoire** du Laongo, Kakongo, etc., par PROYART. Paris 1776, Berton, 1 vol. in-12.		1
«	83	**Histoire** du siége de Gibraltar. Cadix 1783, 1 vol. in-8.		1
«	86	**Histoire** de la découverte et de la conquête du Pérou, traduite de l'Espagnol, par Augustin DE LARATE. 1830, 2 vol. in-8.		2
«	10	**Histoire** universelle, par JUSTIN, traduction de l'abbé Paul. Paris 1774, Barbou, 2 vol. in-12.		2
«	258	**Histoire** universelle publiée par une société de professeurs et de savants sous la direction de M. Victor DURUY, membre de l'Institut, comprenant :		
«	«	Terre (la) et l'homme, ou aperçu historique de géologie, de géographie et d'ethnologie générales, pour servir d'introduction à l'Histoire universelle, par M. *Maury*, membre de l'Institut. 1 vol.		1
«	«	Chronologie universelle, suivie de listes chronologiques et généalogiques, par M. *Dreyss*, recteur honoraire d'Académie. 2 vol.		2
«	«	Histoire générale, comprenant l'histoire de l'antiquité, du moyen âge et des temps modernes jusqu'en 1848, suivie d'un résumé des principaux événements de 1848 à 1883, par M. *Duruy*. 1 vol.		1
«	«	Histoire sainte d'après la Bible, par M. *Duruy*. 1 vol. avec cartes géographiques et 2 plans.		1
«	«	Histoire ancienne des peuples de l'Orient, par M. *Maspero*, membre de l'Institut. 1 vol. avec 9 cartes et quelques specimens des écritures hiéroglyphiques et cunéiformes.		1
«	«	Histoire grecque, par M. *Duruy*. 1 vol. avec 7 cartes géographiques, 7 plans et 7 gravures.		1
«	«	Histoire romaine, jusqu'à l'invasion des Barbares, par M. *Duruy*. 1 vol. avec 7 cartes, 1 plan de Rome et 12 gravures.		1
«	«	Histoire du moyen âge, depuis la chute de l'empire d'Occident jusqu'au milieu du XVᵉ siècle, par M. *Duruy*. 1 vol. avec 6 cartes et 9 gravures.		1
«	«	Histoire des temps modernes, depuis 1453 jusqu'à 1789, par M. *Duruy*. 1 vol. avec 6 cartes et 4 gravures.		1
«	«	Histoire de France, par M. *Duruy*, avec un grand nombre de gravures et de cartes. 2 vol.		2
«	«	Dictionnaire historique des institutions, mœurs et coutumes de la France, par M. *Chéruel*, membre de l'Institut. 2 vol. avec gravures.		2
«	«	Histoire d'Angleterre, comprenant celle de l'Ecosse, de l'Irlande et des possessions anglaises, depuis les premiers temps jusqu'en 1883, par M. *Fleury*, recteur honoraire d'Académie. 1 vol. avec 5 cartes.		1
«	«	Histoire résumée d'Italie, depuis la chute de l'Empire romain jusqu'à nos jours, par M. *Zeller*, membre de l'Institut. 1 vol. avec 6 cartes, des plans et des gravures.		1

Lettre du genre de l'ouvrage	Numéros des volumes	H	Volumes manquant	Nombre total des volumes
«	«	Histoire de la Russie, depuis les origines jusqu'à l'année 1884, par M. *Rambaud*, professeur à la Faculté des lettres de Paris. 1 v. avec 4 cartes. (Ouvrage couronné par l'Académie française).		1
«	«	Histoire de l'Autriche-Hongrie, depuis les origines jusqu'à l'année 1878, par M. *Louis Leger*, professeur à l'Ecole des langues orientales. 1 vol. avec 4 cartes.		1
«	«	Histoire de l'empire Ottoman, depuis les origines jusqu'au traité de Berlin, par M. *de La Jonquière*, ancien professeur d'histoire à l'Ecole militaire impériale de Constantinople. 1 vol. avec 4 cartes.		1
«	«	Histoire de la littérature grecque, par M. *Pierron*. 1 vol.		1
«	«	Histoire de la littérature romaine, par le même auteur. 1 vol.		1
«	«	Histoire de la littérature française, depuis ses origines jusqu'à nos jours, par M. *Demogeot*, agrégé de la Faculté des lettres de Paris, docteur ès lettres. 1 vol.		1
«	«	Histoire des littératures étrangères, par le même auteur. 2 vol.		2
«	«	Histoire de la littérature italienne, depuis ses origines jusqu'à nos jours, par M. *Etienne*, ancien recteur d'Académie. 1 vol. (Ouvrage couronné par l'Académie française).		1
«	«	Histoire de la littérature anglaise, par M. *Augustin Filon*. 1 vol.		1
«	«	Histoire de la physique et de la chimie, depuis les temps les plus reculés jusqu'à nos jours, par M. *Hoefer*. 1 vol.		1
«	«	Histoire de la botanique, de la minéralogie et de la géologie, par le même auteur. 1 vol.		1
«	«	Histoire de la zoologie, par le même auteur. 1 vol.		1
«	«	Histoire de l'astronomie, par le même auteur. 1 vol.		1
«	«	Histoire des mathématiques, par le même auteur. 1 vol.		1
		En tout 31 volumes in-16. Paris, Hachette.		
«	206	**Histoire** physique, économique et politique du Paraguay et des établissements des Jésuites, par DEMERSAY. Paris 1860, Hachette, 2 vol. in-8 reliés en un.		1
«	35	**Histoire** de Théodose-le-Grand, par FLÉCHIER. Paris 1811, Rossange, 1 vol. in-12.		1
«	74	**Histoire** des guerres civiles des Espagnols dans les Indes, par GARCILASO DE LA VEGA. Paris 1830, 4 vol. in-8.		4
«	75	**Histoire** des Incas, rois du Pérou, par GARCILASO DE LA VEGA. Paris 1830, 3 vol. in-8, 2 exemplaires.	1	5
I	58	**Histoire** générale de la philosophie ancienne et moderne jusqu'à nos jours, par GUILLON. Paris 1835, 4 vol. in-12 reliés en deux.		2
U	200	**Histoire** de la civilisation en France, par GUIZOT. Paris, 1829, Pichon et Didier, 2 vol.		1
I	215	**Histoire** de la mode en France ou la toilette des femmes depuis l'époque Gallo-Romaine jusqu'à nos jours, avec planches, par CHALLAMEL Auguste. Paris 1875, 1 vol. in-8.		1
E	64	**Histoire** de la jurisprudence romaine, par TERRASSON. Paris 1750, Saugrain, 1 vol. in-folio.		1
O	122	**Histoire** choisie des auteurs profanes, par WANDELINCOURT. Paris 1779, Durand, 3 vol. in-12.		3
I	232	**Histoire** de la philosophie dans ses rapports avec la religion depuis l'ère chrétienne. Paris, Hachette, 1 vol. in-12 broché.		1

H

Lettre du genre de l'ouvrage	Numéros des volumes		Volumes manquant	Nombre total des volumes
I	65	**Histoire** critique des pratiques superstitieuses, par LEBRUN. Paris 1732, Delaulne, 4 vol. in-12.		4
U	182	**Histoire** de l'Académie française, par PELISSON. Paris 1729, Coignard, 1 vol. in-4°.		1
«	179	**Histoire** (de l') de la littérature française. Discours prononcé au collége de France le 14 février 1834. 1 vol. in-8 broché.		1
«	185	**Histoire** de l'imprimerie et des arts et professions qui se rattachent à la typographie. Paris 1852, Séré, 1 vol. in-4.		1
O	389	**Histoire** d'un crime, par Victor HUGO. Paris 1878, Calmann Lévy, 2 vol. in-8.		2
«	387	**Histoire** de la découverte de la terre, par Jules VERNE. 1 vol.		1
U	81	**Histoire** et aventures de Willams Pick. Amsterdam 1776, 4 vol. in-12.		4
I	209	**Histoire** d'une bouchée de pain, par Jean MASSÉ. Paris, Hetzel, 1 vol. in-12.		1
A	59	**Histoires** choisies de l'ancien Testament. Paris 1776, Brocas, 1 vol. in-12.		1
«	60	**Histoires** édifiantes et curieuses. Lyon 1808, 1 vol. in-12.		1
U	38	**Histoires** extraites de Ciceron, Quintilien, etc., traduction de l'abbé Paul. Lyon 1806, 1 vol. in-12.		1
«	44	**Histoires** (les) de SALLUSTE, traduites en français par Beauzée. Paris an III, Barbou, 1 vol. in-12.		1
«	«	Le même. Paris 1775, 1 vol. in-12.		1
A	23	**Homeliæ** complures, Joannis CHRYSOSTOMI. 1 vol. in-folio.		1
		N. B. *Le frontispice et le premier feuillet manquent, reliure en très-mauvais état.*		
O	140	**Homme** (l') des champs, par DELILLE. Strasbourg 1800, Levrault 1 vol. in-12.		1
«	169	**Homme** (l') au latin ou la destinée des savants. Genève 1769, 1 vol. in-8.		1
I	208	**Hygiène** des ouvriers mineurs dans les exploitations houillères, par le docteur A. RIEMBAULT, médecin de l'Hôtel-Dieu de St-Etienne. 1861, 1 vol.		1
«	219	**Hygiène** (conseil d') publique et de salubrité du département de la Loire. Compte-rendu des travaux, 1 vol.		1
A	132 bis	**Hymni** sacri et novi, par SANTEUIL. Paris 1729, Barbou, 2 vol. in-12.		1

Lettre du genre de l'ouvrage	Numéros des volumes	I	Volumes manquant	Nombre total des volumes
O	359	**Iambes** et poëmes, par Auguste BARBIER. Paris 1871, E. Dentu, 1 vol. in-18.		1
«	366	**Ile** (l') mystérieuse, par Jules VERNE. Paris, 1 vol. in-8.		1
«	161	**Illiade** (l') d'HOMÈRE, traduite en vers français par M. de Rochefort. Paris 1772, Saillant, 2 vol. in-8.		2
«	162	**Illiade** d'HOMÈRE, traduite en français par Dugas-Montbel. Paris 1828, Didot, 3 vol. in-8.		3
«	163	**Illiade** d'HOMÈRE, traduction nouvelle par Dugas-Montbel. Paris 1815, Didot, 2 vol in-8.		2
«	168	**Illiade** et **Odyssée** d'HOMÈRE, traduites par Bitaubé. Paris 1819, 4 vol. in-8.		4
«	141	**Imagination** (l'), par DELILLE. Paris 1806, 2 vol. in-12.		2
A	29	**Imitation** de Jésus-Christ, traduite en vers français par P. CORNEILLE. Paris 1739, 1 vol. in-12.		1
O.	315	**Imitation** de l'Agathon de Wiéland, sous le titre de *Philoclès*, 3me édition augmentée d'une notice sur Wiéland. Paris 1820, Fantin, 2 vol. in-8 reliés en un.		1
E	63	**Importance** de l'arrondissement de St-Etienne, considéré sous le rapport de l'administration judiciaire et de la nécessité d'établir une deuxième chambre définitive près de ce tribunal, par SMITH. St-Etienne, Boyer, 1 vol. in-8.	1	
O	385	**Indes** (les) noires, par Jules VERNE. 1 vol. in-8.		1
«	290	**Indicateur** annuaire de Lyon et du département pour 1842. Lyon 1842, 1 vol. in-8.		1
I	196	**Influence** de la littérature française, de 1830 à 1850, sur l'esprit public et les mœurs, par MENCHE DE LOISNE. Paris 1852, Lecoffre, 1 vol. in-8.		1
«	147	**Institut** orthopédique de la Muette, dirigé par le docteur Jules Gérin. Paris 1839, 1 vol. in-4o broché.		1
E	41	**Institutes** de Justinien. Paris 1813, Périsse, 1 vol. in-12.		1
«	71	**Institutes** du droit canonique, par DURAND DE MAILLANE. Lyon 1770, Bruyset, le 4me vol. seul in-12.		1
«	5	**Institution** au droit français, par ARGOU. Paris 1773, Bailly, 2 vol. in-12.		2
I	40	**Institution** (l') d'un prince, par DUGUET. Londres 1743, Nourse, 1 vol. in-4o.		1
O	111	**Institution** de l'orateur, par QUINTILIEN, traduction de l'abbé Gédoyn. Paris 1810, Volland, 6 vol. in-8 reliés en trois.		3
A	67	**Institutiones** compendiosæ, theologicæ ad usum Pictaviensis Pictavii. 1772, 4 vol. in-8.		4
O	110	**Institutionum** oratoriarum libri duodecim, (QUINTILIANI). Paris 1736, Estienne, 2 vol. in-12.		2
I	148	**Instruction** populaire sur les principaux moyens à employer pour se garantir du choléra-morbus et de la conduite à tenir lorsque cette maladie se déclare. 1832, 1 vol. in-12 broché.		1
«	124	**Instruction** d'un père à ses enfants sur la nature et sur la religion, par TREMBLEY. Neufchâtel 1779, 2 vol. in-8.		2
A	96	**Instructions** théologiques et morales sur les sacrements, par NICOLLE. Paris 1767, Desprez, 2 vol. in-12.		2

Lettre du genre de l'ouvrage	Numéros des volumes	**I**	Volumes manquant	Nombre total des volumes
A	66	**Introductio** ad solidam perfectionem, SANCTI-IGNATII. 1642, 1 vol. in-12.		1
E	32	**Introduction** nouvelle à la pratique, par DE FERRIÈRE. Bruxelles, 2 vol. in-8.		2
«	42	**Introduction** à la procédure civile. 1 vol. in-12.		1
U	17	**Introduction** à l'histoire générale et politique de l'univers, par PUFFENDORF. Amsterdam 1743, Chatelin, 10 vol. in-12.		10
A	68	**Isaïe** traduit en français avec une explication tirée des Saints-Pères et des auteurs ecclésiastiques. Paris 1836, 1 vol. in-8.		1
O	378	**Italie** (de l'), essai de critique et d'histoire, par GEBARD. Paris 1876, Hachette, 1 vol. in-18.		1
U	147	**Itinéraire** de Paris à Jérusalem, par de CHATEAUBRIAND. Paris 1822, Lenormant, 3 vol. in-8.		3

Lettre du genre de l'ouvrage	Numéros des volumes	J	Volumes manquant	Nombre total des volumes
O	391	**Jangada** (la), par Jules VERNE. 1 vol. in-4.		1
«	208	**Jardins** (les), poèmes par RAPIN, traduction nouvelle. Amsterdam 1782, 1 vol. in-8.		1
«	6	**Janua** aurea reserata quatuor linguarum. Lyon 1640, 1 vol. in-12.		1
A	69	**Jérémie** et **Baruck**, traduction des prophètes. Paris 1739, Simon, 6 vol. in-12.		6
O	223	**Jérusalem** délivrée, par LE TASSE, traduction. Paris 1774, Musier, 2 vol. in-12.		2
«	348	**Jérusalem** délivrée, par LE TASSE, traduite mot à mot de l'Italien, du 7me au 20me chant. 3 vol. in-12.	1	2
U	152	**Jeunes** (les) voyageurs en Europe, par DEPPING. Paris 1823, Lelong, 5 vol. in-12.		5
«	153	**Jeunes** (les) voyageurs en France, par DEPPING. Paris 1824, Ledoux, 6 vol. in-12 reliés en trois.		3
A	70	**Job** traduit en français avec une explication tirée des Saints-Pères et des auteurs ecclésiastiques. Paris 1688, Desprez, 1 vol. in-8.		1
«	71	**Josué** traduit en français. Paris 1688, Desprez, 1 vol. in-8.		1
E	43	**Journal** des audiences de la cour de Cassation, de 1791 à 1810.		11
O	24	**Journal** d'éducation, étude des langues étrangères. 9 cahiers.	9	
«	291	**Journal** des connaissances utiles, une liasse.		1
«	292	**Journal** (nouveau) asiatique, nº 66. 1833, broché.		1
«	293	**Journal** de St-Etienne et du département de la Loire, 1re année.		1
«	294	**Journal** des savants. Mai 1848, un numéro.	1	
«	353	**Journal** des connaissances usuelles, publié par GILLET. Paris 1832, 30 vol. reliés en quinze.		15
U	216	**Journal** de la campagne de Chine, 1859, 1860, 1861, par Ch. de MUTRECY. Paris 1861, Bourdillat, 1 vol. in-8.		1
I	202	**Journal** des prisons, hospices, écoles primaires et établissements de bienfaisance, par APPERT. Paris 1826, 6 vol. reliés en trois. Le premier manque.		3
U	145	**Journal** d'un voyage à Tombouctou et à Jenné dans l'Afrique centrale, précédé d'observations faites chez les Maures Braoknos, les Nalour et d'autres peuples pendant les années 1824, 1825, 1826, 1827, 1828, avec une carte itinéraire et des remarques géographiques, par M. JONCARD de l'Institut. Paris 1830, 3 vol. in-8.		3
E	82	**Jugement** souverain des requêtes de l'hôtel du roi au Souverain du 21 février 1778. Lyon 1778, 1 brochure in-4º.		1
«	39	**Jurisprudence** hypothécaire ou recueil alphabétique de questions et décisions sur la matière des hypothèques, priviléges, gages, etc., par GUICHARD. Paris 1813, 4 vol. in-8.		4
«	44	**Jurisprudence** de la cour de Cassation. 1808 et 1824, 2 vol. in-8.	2	

Lettre du genre de l'ouvrage	Numéros des volumes	L	Volumes manquant	Nombre total des volumes
O	159	**La Fontaine** et tous les fabulistes ou La Fontaine comparé avec ses modèles et ses imitateurs, avec des observations critiques, grammaticales, littéraires et des notes d'histoire naturelle, par M. N. S. GUILLON. Paris, an XI, Nyon, 2 vol. in-8.		2
O	345	**La Fontaine** et **Buffon**, par Damas HINARD. Paris 1861, Perrotin, 1 vol. in-12.		1
I	129	**Leçons** élémentaires d'anatomie et de physique, par AUZONS. Paris 1839, Baillière, 1 vol. in-8.		1
I	132	**Leçons** d'histoire naturelle sur les mœurs et sur l'industrie des animaux, pour servir de suite aux leçons élémentaires d'histoire naturelle à l'usage des enfants et des jeunes gens, par L. COTTE. Paris, an VII, Barbou, 2 vol. in-12.		2
I	134	**Leçons** de la nature ou l'histoire naturelle, la physique et la chimie présentées à l'esprit et au cœur, par Louis COUSIN DESPREAUX. Lyon 1817, Rusand, 4 vol. in-12.		4
O	98	**Leçons** françaises de littérature et poésie, par NOEL. Paris, 1834, Lenormant, 1 vol. in-8.	1	
O	99	**Leçons** de littérature et de morale ou Recueil en prose et en vers des plus beaux morceaux de notre langue dans la littérature des deux derniers siècles, par Fr. NOEL et Fr. DELAPLACE. Paris 1808, Lenormant, 2 vol. in-8.		2
O	100	**Leçons** de littérature et de morale, ou Recueil en prose et en vers des plus beaux morceaux de notre langue dans la littérature des deux derniers siècles, par Fr. NOEL et Fr. DELAPLACE. Paris 1805, Lenormant, 2 vol. in-8.		2
U	12	**Leçons** de l'histoire ou Lettres d'un père à son fils, sur les faits intéressants de l'histoire universelle, par M. ***. Paris, 1787, Moutard, 4 vol. in-12.		4
U	11	**Leçons** de l'histoire ou Lettres sur les faits intéressants de l'histoire universelle, par l'auteur du Comte de Valmont ou les Egarements de la raison. Paris 1702, Le Clerc, 10 vol. in-12.		10
A	77	**Lectures** chrétiennes en formes d'instructions familières sur les épîtres et les évangiles. Paris 1807, Adrien Le Clerc, 3 vol. in-12.		3
O	372	**Légendes** et traditions foréziennes, recueillies et annotées par Frédéric NOELAS, accompagnées de vues et d'une carte de Roumanie à l'époque gallo-romaine. Roanne 1863, Durand, 1 vol. in-8.		1
I	228	**Lendemain** de la mort ou la vie future de la science, par Louis FIGUIER. (Ouvrage accompagné de dix figures d'astronomie). Paris 1878, Hachette, 1 vol. in-12.		1
A	10	**Lettre** pastorale à l'occasion du carême de 1843 sur l'œuvre de la propagation de la foi, par le Cardinald de BONALD. Lyon 1843, Périsse, 1 vol. in-8.		1
A	50	**Lettres** théologiques dans lesquelles l'Ecriture sainte, la tradition et la foi de l'Eglise sur les mystères de la Trinité, de l'Incarnation, de la Prédestination et de la Grâce sont vengées et défendues contre le système impie et socinien des PP. Berruyer et Hardouin, jésuites, par l'abbé GAULTIER. 1716, 3 vol. in-12.		3
A	80	**Lettres** sur la manière de gouverner les maisons religieuses. Paris 1740, Louis Guérin, 1 vol. in-12.		1

Lettre du genre de l'ouvrage	Numéros des volumes	L	Volumes manquant	Nombre total des volumes
«	81	**Lettres** sur la religion par un R. B., suivies de plusieurs pièces authentiques recueillies par M. L., prêtre. Caen 1809, Le Roy, 1 vol. in-12.		1
E	46	**Lettres patentes** du roi, en 1790. Paris 1790, Imprimerie royale, 2 vol. in-4.		2
I	41	**Lettres** de Mme DE MONTIER à la marquise de ***, sa fille, avec les réponses, où l'on trouve les leçons les plus épurées et les plus délicats d'une mère pour servir de règle à sa fille. Bruxelles 1756, 1 vol. in-12.		1
«	182	**Lettres** adressées aux personnes sympathiques aux idées sociales et providentielles, par M. Médius LEMOYNE. Paris 1865, Galette, 1 vol. in-8.		1
O	91	**Lettres** sur les ouvrages et le caractère de J.-J. Rousseau. 1789, 1 vol. in-12.		1
«	106	**Lettres de Pline-le-Jeune**, en latin et en français, suivies du panégyrique de Trajan, traduites par M. DE SACY. Clermont 1809, Landriot, 3 vol. in-12.		3
«	185	**Lettres** de Léonie. Lyon 1833, Périsse, 2 vol. in-12, rel. maroq. violet, doré sur tranche. (Don du père de Léonie).		2
«	274	**Lettres** de Cicéron à Atticus et à Brutus, avec des remarques et le texte latin de l'édition Grœvins, par M. L. MONGAULT, (ouvrage incomplet). Paris 1714, Delaulne, 4 vol. in-12.		4
«	280	**Lettres** à Emilie sur la mythologie, suivies des consolations, par DEMOUSTIER, avec une notice et des notes, par Touchard-Lafosse. Paris 1835, Langlois, 1 vol. in-8.		1
«	296	**Lettres** édifiantes et curieuses, écrites des Missions étrangères, par quelques missionnaires de la Compagnie de Jésus. Paris 1717, Nicolas Le Clerc, 32 vol. in-12.		32
«	35	**Lexicon** græco-latinum supra omneis omnium hactenùs accessiones multis milib. vocabulorum, annis jàm aliquot ex assiduà scriptorum omnium lectione congestis auctum, authore PIETRO GILLIO albiense. Opus jàm recens in lucem editum, et excusum, in quo quantum laboratum et sudatum sit, cum immendis emendandis, tùm in dictionibus quibusdam in suum ordinem restituendis, æquus judicabit lector. Reliqua hujus operis, subsequens pagina indicabit. Basileæ. Ex officinà Valentini Curionis, mense septembri, anno 1532, 1 vol. in-fol. dem. rel.		1
E	29	**Libertés** de l'Eglise gallicane, prouvées et commentées suivant l'ordre et la disposition des articles dressés par M. P. Pithou et sur les recueils de M. P. Dupuy, par M. DURAND DE MAILLANE, avocat en Parlement. Lyon 1771, Bruysset, 5 vol. in-4.	1	4
I	151	**Linnœi** (Caroli) fundamentorum botanicorum, curante Gilibert. Coloniœ-Allobrogum. Sumptibus Piestre et Delamollière. 1787, 3 vol. in-8.		3
«	152	**Linnœi** (Caroli) botanicorum principis, systema plantarum Europœ, curante Gilibert. Coloniœ-Allobrogum. Sumptibus Piestre et Delamollière. 1785, 4 vol. in-8.		4
«	32	**Liste** (la) civile dévoilée, lettre d'un électeur de Joigny à M. de Cormenin, député de l'Yonne. Paris 1837, Delaunay, 1 vol. broché in-16.		1

Lettre du genre de l'ouvrage	Numéros des volumes	L	Volumes manquant	Nombre total des volumes
«	25	**Livres de Cicéron**, de la vieillesse, de l'amitié, les paradoxes, le songe de Scipion, lettre politique à Quintus, avec le latin revu sur les textes les plus corrects, par M. DE BARRETT. Paris an III, Barbou, 1 vol. in-12.		1
O	297	**Livre** (le) des Cent-et-un. Paris 1832, Ladvocat, 15 vol. in-8.		15
«	357	**Livre** (le) des Orateurs, par CORMENIN (19e édition, augmentée de portraits inédits). Paris 1869, Pagnerre, 2 vol. in-8.		2
I	213	**Loi** (la) absolue du devoir et la destinée humaine au point de vue de la science comparée, par RAMBOSSON. Paris, Didot, 1 vol. in-12.	1	
E	27	**Lois civiles** dans leur ordre naturel; le droit public et legum delectus, par M. DOMAT, avocat du roi au siége présidial de Clermont-en-Auvergne. Paris 1745, Duplain, 1 vol. in-folio.		1
«	35	**Lois** d'instruction criminelle et pénale ou appendice aux codes criminels, par J. A. GARNIER-DUBOURGNEUF et J. S. CHANOINE. Paris 1826, Tournachon-Molin, 3 vol. in-8.		3
«	45	**Lois** des bâtiments ou le Nouveau Desgodets, traitant suivant les codes civils de procédure : 1o les servitudes; 2o les réparations, par LEPAGE. Paris 1825, Dabo, 1 vol. in-8.		1
«	47	**Lois ecclésiastiques**, 1 vol. in-fol. (mutilé jusqu'à la page 177).		1
O	91	**Louis-Napoléon**, président de la République, à Lyon les 15, 16 et 17 août 1850. Lyon 1850, Chanoine, 1 brochure in-8.		1
«	137	**Louis-le-Bienfaisant**, poëme, par l'abbé COUTENSON. Pise 1808, Peverata et Cie, 1 vol. in-8.		1
U	246	**Louis XIII** et **Richelieu**, étude historique accompagnée des lettres inédites du roi au cardinal de Richelieu, par Marius TOPIN. Paris 1876, Didier, 1 vol. in-8.		1
I	68	**Luciani** Samosatensis dialogi selecti cum novà versione et notis ab uno è patribus Societati Jesu; ad usum collegiorum ejusdem societatis. Lyon 1636, Obert, 1 vol. in-12.		1
O	396	**Lui et Elle**, par Paul de MUSSET. Paris 1880, Charpentier, 1 vol. in-12.		1
O	224	**Lusus** poetici allegorici, sive elegiæ oblectandis animis et moribus informandis accommodatæ, in tres libros aut decurias tributæ, auctore Petro Justo SAUTEL, Societatis Jesu. Parisiis 1754, typis Josephi Barbou, 1 vol. in-12.		1
O	90	**Lycée** ou Cours de littérature ancienne et moderne, par J.-F. LAHARPE. Paris an VII, H. Agasse, 19 volumes in-8.		19
U	90	**Lyon** inondé en 1840 et à diverses époques, histoire de toutes les inondations qui ont affligé Lyon. Lyon, 1840, Boitel, 1 br. in-8.		1
U	159	**Lyon** vu de Fourvières. Esquisses physiques, morales et historiques. Lyon 1833, Boitel, 1 vol. in-8.		1

Lettre du genre de l'ouvrage	Numéros des volumes	M	Volumes manquant	Nombre total des volumes
O	298	**Magasin pittoresque**, années 1833 à 1881, 35 vol. in-4.		35
«	400	**Maison** (la) à vapeur, par Jules VERNE. 1 vol. in-4.		1
A	30	**Manuel** des missionnaires ou Essai sur la conduite que peuvent se proposer de tenir les prêtres appelés à travailler au rétablissement de la religion catholique en France, ouvrage posthume de Jean-Noël COSTE, curé de Haute-Fage, diocèse de Tulle. Rome 1801, 1 vol. in-8.		1
I	80	**Manuel** des inventeurs et des brevetés, par PERPIGNA. Paris 1837, 1 vol. in-8.	1	
«	149	**Manuel** de botanique à l'usage des amateurs et des voyageurs, contenant les principes de botanique, l'explication du système de Linné, un catalogue des différents végétaux étrangers, les moyens de transporter les arbres et les semences; la manière de former un herbier, etc., avec huit planches, par F. LEBRETON. Paris 1787, Prault, 1 vol. in-8.		1
«	154	**Manuel** du naturaliste, ouvrage utile aux voyageurs et à ceux qui visitent les cabinets d'histoire naturelle et de curiosités, dédié à M. de Buffon, de l'Académie française, intendant du jardin royal des plantes. Paris 1770, Desprez, 1 vol. in-12.		1
«	167	**Manuel** des végétaux ou Catalogue latin et français de toutes les plantes, arbres et arbrisseaux connus sur le globe de la terre jusqu'à ce jour, rangés selon le système de Linné, par classes, ordres, genres et espèces, avec les endroits où ils croissent; les plantes des environs de Paris y sont spécialement indiquées avec une table française, par M. DE SAINT-GERMAIN. Paris 1784, Delaguette, 1 vol. in-8.		1
O	29	**Manuel** des grammairiens, divisé en trois parties : dans la première, l'écolier apprendra les principes de l'élégance et l'ordre qu'il faut garder dans la disposition des mots latins; dans la seconde, les formations des verbes grecs, les accents et la syntaxe; dans la troisième, la quantité latine et la façon de retourner et de faire les vers. Lyon, Périsse, 1 vol. in-12.		1
«	37	**Manuel** des locutions vicieuses les plus fréquentes dans le département de la Haute-Loire et la majeure partie du Midi de la France, avec le correctif en regard, par M. POMIER. Le Puy 1835, Pierre Pasquet, 1 vol. in-16, broché.		1
U	174	**Manuel** du libraire et de l'amateur de livres, contenant un nouveau dictionnaire bibliographique et une table en forme de catalogue raisonné, par Jacques-Charles BRUNET. Paris 1820, chez l'auteur, 4 vol. in-8.		4
«	177	**Manuscrits** de la bibliothèque de Lyon ou Notices sur leur ancienneté, leurs auteurs, les objets qu'on y a traités, le caractère de leur écriture, l'indication de ceux à qui ils appartiennent, etc., par Ant. Fr. DELANDINE, bibliothécaire de Lyon. Paris 1812, Renouard, 3 vol. in-8.		3
«	226	**Manuscrits** sur l'histoire de Saint-Chamond, par BOUDET. 25 articles, 14 calques d'armoiries, 2 vol. in-4° de l'histoire de Saint-Chamond, d'après la note remise par M. Boudet, le 4 juin 1859, et le mémoire de M. Berthaud, du 19 février 1845. (Le 1er volume traitant de Saint-Chamond, et la plupart des petits cahiers ont disparu).		
O	192	**Martial** et autres auteurs. Epigrammes choisies traduites en français avec des remarques et quelques préceptes de rhétorique à l'usage des écoliers d'humanités et de rhétorique. Avignon 1753, Chave, 1 vol. in-12.		1

Lettre du genre de l'ouvrage	Numéros des volumes	M	Volumes manquant	Nombre total des volumes
I	227	**Matérialisme et spiritualisme**, étude de philosophie positive, par Alph. LEBLAIS, précédé d'une préface par E. Littré. Paris 1865, Germer-Baillière, 1 vol. in-12.		1
O	340	**Maupin** (Mademoiselle de) par Théophile GAUTIER. Paris 1864, Charpentier, 1 vol. in-12.		1
A	22	**Méditations** ecclésiastiques tirées des épîtres et évangiles, pour se disposer à célébrer ou à communier dignement, connaître les services du sacerdoce et se mettre en état de faire des instructions utiles aux ecclésiastiques et au peuple, par CHEVASSU, curé du diocèse de St-Claude. Lyon, 1813, Rusand, 5 vol. in-12.	1	4
I	150	**Médecine** (la) curative ou la Purgation dirigée contre la cause des maladies, reconnue et analysée dans cet ouvrage, par LEROY. Paris 1822, Nicolas Vaucluse, 1 vol. in-12.		1
«	73	**Mélanges** de physique et de morale. Paris 1763, Guérin, 1 vol. in-12.		1
«	194	**Mélanges** d'économie politique, d'histoire et de philosophie, par P. ROSSI. Paris 1857, Guillaumin, 2 vol. in-8.		2
O	273	**Mélanges** sur l'Afrique, par le général de BROSSARD. Perpignan 1838, 1 vol.	1	
«	299	**Mélanges** catholiques (extraits de l'Avenir) publiés par l'Agence générale pour la défense de la liberté religieuse. Paris 1831, 2 vol. in-8 reliés en un.		1
«	300	**Mélanges** de littérature, d'histoire et de philosophie; nouvelle édition, revue, corrigée et augmentée très considérablement par l'auteur. Amsterdam 1759, Zacharie Chatelain, 2 vol. in-12.		2
A	72	**Mémoire** pour le rétablissement en France de l'ordre des Frères Prêcheurs, par l'abbé LACORDAIRE. Paris 1839, Debécourt, 1 vol. in-8.		1
«	92	**Mémoire** à consulter sur un système religieux et politique, tendant à renverser la religion, la société et le trône, par le comte de MONTLOSIER. Paris 1826, Ambroise Dupont et Roret, 1 vol. in-8.		1
E	50	**Mémoires divers.** 1 fort vol. in-4.		1
I	161	**Mémoires** pour servir à l'histoire naturelle des animaux, dressés par M. PERRAULT, de l'Académie royale des sciences. Amsterdam et Leipsig, 1758, Arkstee et Merkus, 3 vol. in-4.		3
«	172	**Mémoire** qui a remporté le prix au jugement de l'Académie de Dijon, le 18 août 1776, sur la question proposée en ces termes : « Déterminer quelles sont les maladies dans lesquelles la médecine agissante est préférable à l'expectante et celle-ci à l'agissante, et à quels signes le médecin reconnaît qu'il doit agir ou rester dans l'inaction en attendant le moment favorable pour placer les remèdes », par M. VOULLONNE. Avignon 1776, Jean-Joseph Niel, 1 vol. in-8.		1
O	301	**Mémoires** de l'Académie royale des sciences, belles-lettres et arts de Lyon. Lyon 1845, Boitel, 2 vol. in-8.		2
U	58	**Mémoire** sur les origines du Lyonnais (Rhône et Loire), par Auguste BERNARD, de Montbrison. Paris 1846, Duverger, 1 vol. in-8.		1

Lettre du genre de l'ouvrage	Numéros des volumes	M	Volumes manquant	Nombre total des volumes
«	65	**Mémoires,** lettres et pièces authentiques touchant la vie et la mort de Charles-Ferdinand d'Artois, fils de France, duc de Berry, par CHATEAUBRIAND. Paris 1820, Lenormant. 1 vol. in-8.		1
«	78	**Mémoires** du comte de Grammont, par Antoine HAMILTON, avec gravures. Paris 1818, Ledoux et Tenré, 1 vol. in-12.		1
«	95	**Mémoires** de Gabrielle d'ESTRÉES. Paris 1829, Mame et Deluanay-Vallée, 4 vol. in-8, reliés en 2.		2
«	96	**Mémoires** historiques sur Ferdinand VII, roi des Espagnes, et sur les événements de son règne, par don ***, traduits en anglais sur le manuscrit espagnol, par Michael Quin, et en français par M. G. H. ***. Paris 1824, Mongié, 1 vol. in-8.		1
«	103	**Mémoires** du comte de MODÈNE sur la révolution de Naples, de 1647: 3me édition, publiée par J.-B. Mielle. Paris 1827, Pélicier et Chatel, 2 vol in-8.		2
«	126	**Mémoires** de Maximilien de Béthune, duc de SULLY, ministre de Henri IV, mis en ordre avec des remarques, par M. D. L. D. L. Londres 1778, 10 vol. in-12.		10
«	126 bis	**Mémoires** de Maximilien de Béthune, duc de SULLY, principal ministre de Henri-le-Grand. Londres 1767, 6 vol. in-12.		6
«	127	**Mémoires** sur la Convention et le Directoire, par A. C. THIBAUDEAU. Paris 1827, Ponthieu, 2 vol. in-8.		2
«	180	**Mémoires** pour servir à l'histoire des Jeux floraux. Toulouse 1815, 2 vol. in-8.	2	
«	209	**Mémoires** de MIOT DE MÉLITO, ancien ministre, ambassadeur, conseiller d'Etat et membre de l'Institut. Paris 1858, Michel Lévy, 3 vol. in-8.		3
«	217	**Mémoires** complets et authentiques du duc de SAINT-SIMON, sur le siècle de Louis XIV et la Régence, collationnés sur le manuscrit original, par M. Chéruel, et précédés d'une notice par Sainte-Beuve. Paris 1856, Hachette, 20 vol. in-8.		20
«	270	**Mémoires** de M. Claude, chef de la police de sûreté sous le le second empire. Paris 1881, Jules Rouff, 6 vol. in-12, 1 br.		6
E	87	**Mémoires** et **Consultations** sur la leyde due aux seigneurs de Saint-Chamond, comprenant : 1o Compte-rendu aux citoyens de Saint-Chamond de tous les titres qui établissent leur immunité illimitée du droit de leyde, par un de leurs concitoyens. 1772 ; 2o Mémoire pour les habitants de Saint-Chamond sur le droit de leyde. 1774 ; 3o Résumé sur l'immunité des habitants de Saint-Chamond de tout droit de leyde. 1774 ; 4• Réfutation des conclusions prises par le seigneur de Saint-Chamond, en l'audience du 18 avril. 1774 ; 5• Consultation sur l'immunité des habitants de Saint-Chamond de tout droit de leyde. (Don de M. Raymond Durand, de Saint-Chamond), 1 vol. broché.		1
U	87	**Mémorial** de Ste-Hélène ou Journal où se trouve consigné, jour par jour, ce qu'a dit et fait Napoléon durant 18 mois, par le comte de LAS CASES. Paris 1823-24, Bossange, 8 vol. in-8.		8

M

Lettre du genre de l'ouvrage	Numéros des volumes		Volumes manquant	Nombre total des volumes
O	347	**Ménage** et finances de Voltaire, avec une introduction sur les mœurs des cours et des salons au XVIIIe siècle, par Louis NICOLARDOT. Paris 1854, Dentu, 1 vol. in-8.		1
«		**Mercure de France** et **Mercure Ségusien.**		
I	205	**Merveilles** (les) de la science ou description populaire des inventions modernes, par Louis FIGUIER. Paris 1867, Furne, Jouvet et Cie, 4 vol. in-4.		4
U	151	**Merveilles** et beautés de la nature en France ou description de ce que la France a de plus curieux et d'intéressant sous le rapport de l'histoire naturelle comme grottes, cascades, sources, montagnes, rochers, torrents, mines, vues pittoresques, etc., par C. B. DEPPING. Paris 1822, Eymery, 1 vol. in-12.		1
«	125	**Mes prisons** : des devoirs des hommes, par Sylvio PELLICO, traduction nouvelle accompagnée du texte, par Mmes Voillez et d'Hollosy. Paris 1837, Lefèvre, 1 vol. in-8.		1
«	149	**Mes voyages** aux environs de Paris, par J. DELORT. Paris 1821, Picard-Dubois, 2 vol. in-8.		2
O	197	**Métamorphoses** d'OVIDE, traduites en français avec des remarques et des explications historiques, par l'abbé Bannier, nouvelle édition augmentée de la vie d'Ovide et enrichie de figures en taille douce. Paris 1757, 3 vol. in-12.		3
«	198	**Métamorphoses** d'OVIDE, traduction nouvelle avec le latin à côté, par Barrett. Paris an IV, Barbou, 1 vol. in-12.		1
A	91	**Méthode** pour la direction des âmes dans le tribunal de la pénitence, et pour le bon gouvernement des paroisses, par un prêtre du diocèse de Besançon. Besançon 1783, Lépagnez, 2 vol. in-12.		2
O	31	**Méthode** nouvelle pour apprendre facilement la langue latine, contenant les règles des genres, des déclinaisons, des prétérit, de la syntaxe, de la quantité et des accents latins, mises en français avec un ordre très clair et très abrégé, présentée au roi, avec un traité de la poésie latine et une brève instruction sur les règles de la poésie française. Paris 1667, Pierre Le Petit, 1 vol. in-8.		1
«	82	**Méthode** (nouvelle) d'enseignement pour la première enfance, contenant : 1o une nouvelle méthode d'instructions et de lectures morales pour les enfants de cinq ou six ans; 2o des dialogues et un conte; 3o des maximes détachées; 4o des modèles de compositions; 5o une nouvelle méthode pour enseigner aux enfants à dessiner et à peindre, par Mme de GENLIS. Paris an X, Crapelet, 1 vol. in-12.		1
«	371	**Michel Strogoff**, par Jules VERNE, 1 vol in-4.		1
«	193	**Mille et une nuits**, contes arabes traduits par Galland, nouvelle édition revue sur les meilleurs textes, accompagnée de l'éloge de Galland, par de Boze, et ornée de douze gravures. Paris 1834, Beaulée et Jubin, 6 vol. in-8.		6
«	408	**Millions** (les 200) de la Bégum, par Jules VERNE, 1 vol. in-4.		1
«	388	**Misérables** (les), par Victor HUGO. Paris 1875, Hachette, 5 vol. in-12.		5
I	33	**Mon rêve politique** ou Projet de Constitution, par Claude DERVIEU, de Saint-Etienne. Lyon 1815, Boursy, 1 brochure in-8.		1

Lettre du genre de l'ouvrage	Numéros des volumes	M	Volumes manquant	Nombre total des volumes
«	192	**Monde** (le) avant la création de l'homme, ou le Berceau de l'univers, histoire populaire de la création et des transformations du globe, racontées aux gens du monde par le docteur ZIMMERMANN, traduit de l'allemand par Hymans et Strens, illustré de 238 gravures sur bois. Paris 1857, Schultz, 1 vol. in-8.		1
O	335	**Monde** (le) des oiseaux, ornithologie passionnelle, par A. TOUSSENEL. Paris 1864, Dentu, 2 vol. in-8.		2
I	188	**Monita** secreta societatis Jesu. Instructions secrètes des Jésuites, neuvième édition, contenant le dénombrement des Jésuites en France, par département, et orné d'une gravure, par Ch. SAUVESTRE. Paris 1870, Dentu, 1 vol. in-12, broché.		1
O	»	**Moniteur industriel** et **Moniteur universel.**		
O	306	**Moniteur** (réimpression de l'ancien) depuis la réunion des Etats généraux jusqu'au Consulat (mai 1789 à mai 1799), avec des notes explicatives. Paris 1843-1845, 32 vol. in-8, brochés, y compris le volume d'introduction et les deux volumes de tables.		32
I	230	**Monographie** de Notre-Dame de Brou, 1 vol. in-folio.		1
«	231	**Monuments** de la ville de Vienne (France), 3 vol. in-folio.		3
«	232	**Monuments** de Toul et de Nancy, 1 vol. in-folio.		1
U	242	**Montausier**, sa vie et son temps ou un Misanthrope à la cour de Louis XIV, par Amédée ROUX. Paris 1860, Didier, 1 vol. in-8.		1
«	202	**Monuments** de l'histoire de France, catalogue des productions de la sculpture, de la peinture et de la gravure, relatives à l'histoire de la France et des Français, par HENNIN. Paris 1856, Delion, 10 vol. in-8.		10
I	1	**Morale** de Tacite : De la flatterie, par le sieur Amelot de la HOUSSAYE. Paris 1686, chez la veuve Edme Martin et Jean Boudot, rue St-Jacques, au Soleil d'Or, 1 vol. in-12.		1
«	78	**Morale** universelle ou les Devoirs de l'homme, fondés sur sa nature. Amsterdam 1776, Marc-Michel Rey, 1 vol. in-8.		1
«	144	**Morceaux** extraits de l'histoire naturelle de Pline, par M. GUÉROULT, professeur d'éloquence au collège d'Harcourt. Paris 1785, Michel Lambert, 1 vol. in-8.		1
O	124 4°	**Morceaux** choisis de Tite-Live (excerpta ex Tito-Livio ad usum scholarum superiorum), traduits en français, à l'usage des classes supérieures, par l'abbé Paul. Marseille 1781, Jean Mossy, 2 vol. in-12.		2
I	46	**Môrias encomion**, stultitiæ laudatio, desiderii ERASMI declamatio. Editio castigatissima. Londini et venit Parisiis 1765, Apud Barbou, vià Mathurinensium, 1 vol. in-12, bas. dor. s. tr. fil.		1
O	195	**Mosaïque** poétique (don d'Antony Renal). Paris 1834, Bohaire, 1 vol. in-12, relié avec les Esquisses poétiques.		1
«	308	**Mosaïque** lyonnaise (une liasse de 11 numéros).	1	
I	74	**Musée** industriel, description complète de l'Exposition des produits de l'industrie française, faite en 1834, ou statistique industrielle, manufacturière et agricole de la France à la même époque, publié par MM. de Moléon, Cochaud et Paulin Desormeaux. Paris 1835, 2 vol. in-8, reliés en 1.		1

Lettre du genre de l'ouvrage	Numéros des volumes	M	Volumes manquant	Nombre total des volumes
O	309	**Musée** des familles (lectures du soir), de 1833 à 1880. Paris, 35 vol. in-4.		35
«	373	**Musiciens** (les) célèbres depuis le XVIe siècle jusqu'à nos jours, par Félix CLÉMENT, ouvrage illustré de quarante-quatre portraits à l'eau forte (2e édition). Paris 1873, Hachette, 1 vol. in-4.		1

Lettre du genre de l'ouvrage	Numéros des volumes	N	Volumes manquant	Nombre total des volumes
U	186	**Napoléon** à Sainte-Hélène : 1° Napoléon dans l'exil, par Barry O'MEARA ; 2° Derniers moments de l'empereur, par AUTOM-MARCHI. Paris 1860, 1 vol. in-4.		1
«	197	**Napoléon** et son historien M. Thiers, par Jules BARNI. Paris 1869, Germer-Baillière, 1 vol. in-12.		1
«	203	**Napoléon I**er (correspondance de), publiée par ordre de l'empereur Napoléon III. Paris, 31 vol. in-4, brochés.		31
O	121 *bis*	**Narrations** choisies de TITE-LIVE, avec des réflexions. Lyon 1776, Périsse, 2 vol. in-12.		2
«	121 3°	**Narrations** choisies de TITE-LIVE, avec des réflexions. Lyon 1776, Périsse, 3 vol. in-12.		3
U	107	**Nécrologie**. Le Major Parrin; notice dédiée aux vétérans du canton de Saint-Chamond. St-Etienne 1843, Janin, 1 brochure in-8.		2
A	97	**Nombres** (les) traduits en français, avec l'explication du sens littéral et du sens spirituel, tirée des Saints-Pères et des auteurs ecclésiastiques. Paris 1694, Desprez, 1 vol. in-8.		1
		Josué, les Juges et Ruth, traduits en français avec une explication tirée des Saints-Pères et des auteurs ecclésiastiques. Paris 1690, Desprez, 1 vol. in-8.		1
		Cantique des Cantiques, traduit en français avec une explication....., etc... Paris 1709, Desprez, 1 vol. in-8.		1
		L'Ecclésiaste de Salomon, traduit en français. Veuve Charles Savreux, 1673, 1 vol. in-8.		1
		Jérémie et Baruch, traduits en français. Paris 1690, Desprez, 1 vol. in-8.		1
		Epîtres catholiques, traduites en français, avec une explication tirées des Saints-Pères et des auteurs ecclésiastiques. Paris 1703, Desprez, 1 vol. in-8. En tout 6 vol. in-8.		1
U	165	**Nomina** hebræa, chaldæa, græca et latina virorum, mulierum, populorum, idolorum, urbium, fluviorum, montium cæterorumque locorum quæ in bibliis leguntur, restituta cum latinà intepretatione. Locorum descriptio ex cosmographis. Index præterea rerum et sententiarum quæ in iisdem bibliis continentur. Parisiis 1537. Ex officinà Roberti Stephani. 1 vol. in-12, v. fort. fil. tr. dor.		1
«	166	**Notes** sur le projet de démembrement du département de la Loire, par un Forézien. St-Etienne 1852, Théolier, 1 brochure in-8.		1
O	233	**Notice** des tableaux, antiquités, monuments du musée du Puy, par BECDELIEVRE. 1 brochure.		1
I	158	**Notice** sur les embaumements, procédés de M. Gannal. 1 vol. in-8.	1	
U	221	**Notices** biographiques stéphanoises, par M. DESCREUX. Saint-Etienne, 1868, Constantin, 1 vol. broché in-8.		1
«	21	**Notre-Dame de Fourvières** ou Recherches historiques sur l'autel tutélaire des Lyonnais et sur les principaux événements qui en ont retardé ou hâté la gloire, par l'abbé A. CAHOUR. Lyon 1838, Pélagaud et Lesne, 1 vol. in-8.		1

Lettre du genre de l'ouvrage	Numéros des volumes	N	Volumes manquant	Nombre total des volumes
E	30	**Nouveau commentaire** sur la coutume de la prévôté et vicomté de Paris, par M. Claude de FERRIÈRE, avocat au Parlement. Edition revue, corrigée et augmentée, par M. Sauvan d'Aramon. Paris 1770, Libraires associés, 2 vol. in-12.		2
U	162	**Nouveau conducteur** de l'étranger à Paris, en 1820, contenant la description des palais, monuments, édifices, etc., de cette capitale, précédé d'un précis sur l'histoire de Paris, d'une instruction aux étrangers, suivi de la description des environs de Paris, par F. M. MARCHAND Paris 1820, Moranval, 1 vol. in-16.		1
O	34	**Nouveau cours** de thèmes, composé de traits d'histoire, fables, épîtres et discours moraux, avec les corrigés en regard. Paris 1817, Aug. Delalain, 1 vol. in-12.		1
«	22	**Nouveau dictionnaire** universel des synonymes de la langue française, par M. F. GUIZOT. Paris 1822, Aymé Payen, 2 vol. in-8.		2
«	23	**Nouveau dictionnaire poétique** dans lequel on a classé les mots par ordre de richesse de rimes, en assignant à chacun sa définition, ses synonymes ou équivalents et les périphrases dont il est susceptible, précédé d'un essai didactique sur les règles des poèmes, et suivi d'un traité de versification, par L. A. HAMOCHE. Paris an X, Testu, 1 vol. in-8 .		1
«	38	**Nouveau dictionnaire** français, contenant généralement tous les mots, les matières et plusieurs remarques nouvelles sur la langue française, ses expressions propres, figurées, burlesques, etc., par Pierre RICHELET. Dernière édition exactement revue, corrigée et augmentée. Cologne 1695, Jean-François Gaillard, 2 vol. in-4.		2
E	22	**Nouveau Ferrière** (le) ou Dictionnaire de droit et de pratique civil, commercial, criminel et judiciaire, contenant l'explication de tous les termes du droit, anciens et modernes, par C. H. DAGAR, jurisconsulte. Paris an XII, Garnery, 3 vol. in-4.		3
«	31	**Nouveau parfait notaire** (le) ou la Science des notaires, de feu C. J. de Ferrière, mise en harmonie avec les dispositions du Code civil et la loi du 25 ventose an II, sur l'organisation du notariat, par A. J. MASSÉ. Paris 1807, imprimerie de Baudoin, 2 vol. in-4.		2
A	98	**Nouveau Testament** (le) de N. S. J. C., en latin, selon l'édition imprimée à Rome par le commandement de N. S. P. le Pape Sixte V, et en français, de la traduction des docteurs catholiques de l'Université de Louvain, fidèlement revue et enrichie d'une table des épîtres et évangiles. Paris 1632, Sébastien Huré, 1 vol. in-16.	1	1
«	99	**Nouveau Testament**, texte grec. 1 vol. in-12. (Le titre manque).		1
I	153	**Nouveaux éléments** d'hygiène, par Charles LONDE. Paris 1838, Baillière, 2 vol. in-8.		2
O	196	**Nouvelles**, contes, apologues et mélanges, par J. C. F. L. Paris 1822, Fantin, 3 vol. in-12, reliés en 2.		2
«	310	**Nouvelles** de St-Domingue. 1 fort vol. in-4.		1

Lettre du genre de l'ouvrage	Numéros des volumes	N	Volumes manquant	Nombre total des volumes
A	16	**Nouvelles dissertations** importantes et curieuses sur plusieurs questions qui n'ont point été traitées dans le commentaire littéral sur tous les livres de l'Ancien et du Nouveau Testament, par le R. P. dom Augustin CALMET. Paris 1720, Emery, 1 vol. in-4.		1
O	219	**Nouvelles esquisses** poétiques, par Antony RENAL, (relié au n° 195). Paris 1832, Dauthereau, 1 vol. in-16.		1
«	381	**Nouvelles genevoises**, par Rodolphe TOPFFER. Paris 1876, Hachette, 1 vol. in-12.		1
I	146	**Nouvelles récréations** physiques et mathématiques contenant ce qui a été imaginé de plus curieux dans ce genre et qui se decouvre journellement, par M. GUYOT. Paris 1799, À la librairie rue St-André-des-Arts, 2 vol. in-8.		2
O	175	**Nuits** (les), d'YOUNG, traduites de l'anglais, par M. Letourneur, Paris 1769, Lejay, 2 vol. in-12.		2
«	395	**Numa Roumestan**, mœurs parisiennes, par Alphonse DAUDET. Paris 1881, Charpentier, 1 vol. in-12.		1

Lettre du genre de l'ouvrage	Numéros des volumes	O	Volumes manquant	Nombre total des volumes
E	81	**Objets** de contestations entre les habitants et le Seigneur de St-Chamond, sur lesquels intervint l'arrêt de 1605. Lyon 1774, 1 brochure in-8.		1
I	145	**Observations** sur les plantes, par GUETTARD. Paris 1747, Durand, 2 vol. in-12.		2
O	166	**Observations** sur l'Iliade d'Homère, par DUGAS-MONTBEL. Paris 1829, Firmin Didot, 2 vol. in-8.		2
«	167	**Observations** sur l'Odyssée d'Homère, par DUGAS-MONTBEL. Paris 1833, Didot, 1 vol. in-8.	1	
U	92	**Observations** sur l'histoire de France, par l'abbé de MABLY. Kehl 1788, 3 vol. in-12.		3
«	92 bis	**Observations** sur l'histoire de France, par l'abbé de MABLY. Paris 1823, Brière, 3 vol. in-8 brochés.		3
O	174	**Odes** d'HORACE, traduites avec des observations critiques et poésies lyriques suivies d'un discours sur l'Ode et de quelques autres pièces de prose, par M. de Reganhac. Paris 1781, Valade, 2 vol. in-12.		2
«	164	**Odyssée d'Homère** (texte grec et français), traduite par M. DUGAS-MONTBEL. Paris 1833, Firmin Didot, 4 vol. in-8, reliés en 2.		2
«	165	**Odyssée d'Homère** (texte français), traduite par M. DUGAS-MONTBEL, et suivie des hymnes, de divers petits poèmes et fragments attribués à Homère. Paris 1818, Didot, 2 vol. in-8.		2
A	11	**Œuvres** choisies de BOSSUET, évêque de Meaux, revues sur les manuscrits originaux et les éditions les plus correctes. Versailles 1821, J. A. Lebel, 30 vol. in-12.		30
«	46	**Œuvres** complètes de messire Esprit FLÉCHIER, évêque de Nîmes, ci-devant prêtre de la doctrine chrétienne, revues sur les manuscrits de l'auteur. Nîmes 1782, Pierre Beaume, 10 vol. in-12.		10
«	152	**Œuvres** du P. Henri-Dominique LACORDAIRE, de l'ordre des frères prêcheurs. Paris 1857, veuve Poussielgue-Rusand, 6 volumes in-12.		6
E	2	**Œuvres** choisies de d'AGUESSEAU, chancelier de France. Paris 1819, Lefèvre, 5 vol. in-8.		5
«	9	**Œuvres** choisies de feu M. COCHIN, écuyer, avocat au Parlement. Paris 1773, Libraires associés, 2 vol. in-12.		2
«	40	**Œuvres** de M. Claude HENRYS, conseiller du roi, contenant son recueil d'arrêts, vingt-deux questions posthumes, ses plaidoyers et harangues, avec des observations par J. Bretonnier. Paris 1772, Libraires associés, 4 vol. in-folio.		4
«	25	**Œuvres** (les) de M. Antoine d'ESPEISSES, avocat et jurisconsulte de Montpellier, où toutes les plus importantes matières de droit romain sont méthodiquement expliquées et accommodées au droit français (2me édition, tome second). Lyon 1654, J. A. Huguetan et M. A. Ravaud, 1 vol. in-folio.		1
I	28	**Œuvres** de M. l'abbé de CONDILLAC. Paris 1777, Libraires associés, 3 vol. in-8.		3
«	77	**Œuvres** de M. de MONTESQUIEU, nouvelle édition, revue, corrigée et considérablement augmentée par l'auteur. Lyon 1772, Nourse, 3 vol. in-8.		1

Lettre du genre de l'ouvrage	Numéros des volumes	O	Volumes manquant	Nombre total des volumes
«	175	**Œuvres** complètes de Ch. FOURIER. Paris 1846, Librairie sociétaire, 6 vol. in-8.		6
O	136	**Œuvres** de Pierre CORNEILLE, avec le commentaire de Voltaire et les jugements de La Harpe. Paris 1821, Janet et Cotelle, 11 vol. in-8.		11
«	194	**Œuvres** de MOLIÈRE, avec un commentaire historique et littéraire, précédées du tableau des mœurs du XVIIᵉ siècle et de la vie de Molière, par M. Petitot. Paris 1826, Aillaud, 6 volumes in-8.		6
«	206	**Œuvres** de Jean RACINE, avec des commentaires par J. L. Geoffroy. Paris 1808, Genets, 7 vol. in-8.		7
«	138	**Œuvres** de M. de CRÉBILLON. Paris 1713, Ribou, 1 vol. in-12.		1
«	284	**Œuvres** complètes d'Alexandre DUVAL. Paris 1822, Barba et Chasseriau, 9 vol. in-8.		9
«	139	**Œuvres** de M. Casimir DELAVIGNE, Messéniennes et poésies diverses, théâtre, etc. Paris 1833, Furne, 7 vol. in-8 reliés en 4.		4
«	356	**Œuvres** complètes de William SHAKESPEARE, traduites en français par Victor Hugo. Paris 1865, Pagnerre, 18 vol. in-8.		18
«	154	**Œuvres** posthumes de M. Philippe DUPLESSIS, théâtre de Monti et Alfiéri, etc. Paris 1853, Didot, 5 vol. in-8 reliés en 3.		3
«	241	**Œuvres** (les) de VIRGILE, traduites en français avec des remarques par M. l'abbé Desfontaines. Paris 1743, Quillau, 3 vol. in-12.		3
«	241 bis	**Œuvres** (les) de VIRGILE, traduites en français avec des remarques par M. l'abbé Desfontaines Paris 1787, Labbey, 1 vol. in-12. (Ouvrage incomplet).		1
«	241 3°	**Œuvres** de VIRGILE traduites en français, avec gravures. Paris 1802, Maradan, 1 vol. in-12. (Ouvrage incomplet).		1
«	142	**Œuvres** de M. l'abbé DELILLE, contenant les Géorgiques de Virgile, en vers français, et les Jardins, poème. Londres 1794, 1 vol. in-12.		1
«	173	**Œuvres** d'HORACE, traduites en vers français avec des extraits des auteurs qui ont travaillé sur cette matière, et des notes pour l'éclaircissement du texte. Paris 1752, Nyon et Guillin, 5 vol. in-12.		5
«	377	**Œuvres** d'HORACE, traduites en vers français, par Anquetil. Paris 1875, Hachette, 2 vol. in-12.		2
«	127	**Œuvres** complètes de BOILEAU-DESPRÉAUX, contenant ses poésies, ses écrits, sa traduction de Longin, ses lettres à Racine, à Brossette, avec les textes d'Horace, de Juvénal, etc., imités par Boileau, précédées d'un discours sur ses œuvres, et de sa vie. Paris 1809, Mame, 3 vol. in-12.		3
«	320	**Œuvres** diverses de Jean RACINE : poésies nouvelles, réflexions sur la poésie, mémoires, lettres, etc. Paris 1747, Desaint et Saillant, 5 vol. in-12.		5
«	183	**Œuvres** de M. de LAMARTINE, édition ornée de gravures sur acier et d'une petite pièce de poésie autographe dédiée a Ch. Nodier par Lamartine. Paris 1832, Gosselin et Furne, 8 vol. in-8.		8
«	246	**Œuvres** complètes de LAMARTINE, publiées et inédites, Paris 1860, 40 vol. in-8.		40

Lettre du genre de l'ouvrage	Numéros des volumes	O	Volumes manquant	Nombre total des volumes
O	341	**Œuvres** complètes de Victor HUGO. Paris 1857, Houssiaux, 18 vol. in-8.		18
«	124	**Œuvres** complètes de J. P. de BÉRANGER, édition ornée de *104 vignettes en taille douce. Paris 1834, Perrotin*, 4 vol. in-8.		4
«	245	**Œuvres** de WALTER-SCOTT, traduites en français. Paris 1830, Furne, 32 vol. in-8.		32
«	71	**Œuvres** complètes de DÉMOSTHÈNES et d'ESCHINE, traduites en français, avec des remarques et un discours préliminaire par M. l'abbé Auger. Paris 1777, Lacombe, 6 vol. in-8.		6
«	287	**Œuvres** choisies de M. de FONTENELLE. Londres 1761, Nourse, 2 vol. in-12.		2
«	132	**Œuvres** de lord BYRON, traduction d'Amédée Pichot, précédées d'un essai sur le caractère et la vie de Byron. Paris 1830, Furne, 6 vol. in-8, reliés en 3.		3
«	337	**Œuvres** *de RABELAIS, augmentées de plusieurs fragments et* précédées d'une notice historique sur la vie et les ouvrages de Rabelais, édition accompagnée d'un glossaire par L. Barré. Paris 18..., Garnier, 1 vol. in-12.		1
«	266	**Œuvres** complètes de Jacques-Henri BERNARDIN de SAINT-PIERRE, augmentées de divers morceaux inédits, mises en *ordre et précédées de la vie de l'auteur*, par Aimé Martin. Paris 1830, Lequien et Pinard, 12 vol. in-8 reliés en 6.		6
«	410	**Œuvres** d'ERKMANN-CHATRIAN, comprenant : 1o Contes Vosgiens ; 2o Histoire d'un homme du peuple ; 3o Souvenirs d'un ancien chef de chantier ; 4o Le blocus ; 5o Le juif Polonais ; 6o La guerre ; 7o L'invasion ; 8o Le conscrit de 1813 ; 9o *Confidences d'un joueur de clarinette* ; 10o *Maître Gaspard Fix* ; 11o Contes des bords du Rhin ; 12o Une campagne en Kabylie ; 13o Maître Daniel Rock ; 14o Le brigadier Frédéric ; 15o Histoire d'un sous-maître ; 16o Histoire du plébiscite ; 17o La maison forestière ; 18o Les deux frères ; 19o L'ami Fritz ; 20o Histoire d'un paysan ou la Révolution française racontée par un paysan, 3 vol. ; 21o Hugues Le Loup. En tout 24 vol. in-4, brochés, avec gravures sur acier.		24
«	263	**Œuvres** d'ARNAUD. Paris 1803, Laporte, 12 vol. in-8, rel. en 6.		6
«	317	**Œuvres** de M. le marquis de POMPIGNAN. Paris, 1784, Nyon, 6 vol. in-8.		6
«	318	**Œuvres** diverses de POPE, traduites de l'anglais, nouvelle édition augmentée de plusieurs pièces et de la vie de l'auteur avec de belles figures en taille douce. Amsterdam et Leipzig 1758, Arkstee et Merkus, 5 vol. in-12.		5
«	328	**Œuvres** (les véritables) de M. de SAINT-EVREMONT publiées sur les manuscrits de l'auteur. Londres 1706, Jacob Tonson, 5 vol. in-12.		5
«	53	**Œuvres** diverses du Père de BAUDORY. Paris 1765, Barbou, 1 vol in-12.		1
«	393	**Œuvres** posthumes de J.-J. ROUSSEAU ou recueil de pièces manuscrites pour servir de supplément aux éditions publiées pendant sa vie. Genève 1782, 9 vol. in-8.		9
«	65	**Œuvres** de M. COFFIN, ancien recteur de l'Université et principal du collège de Dormans-Beauvais. Paris 1755, Desaint et Saillant, 4 vol. in-16.		4
«	272	**Œuvres** diverses de M. BORDES. Lyon 1783, Faucheux, 4 vol. in-8.		4

Lettre du genre de l'ouvrage	Numéros des volumes	O	Volumes manquant	Nombre total des volumes
«	331	**Œuvres** diverses de M. THOMAS. Lyon 1763, Périsse, 1 vol. in-12.		1
«	338	**Œuvres** de P.-L. COURRIER, précédées de sa vie, par Armand Carrel : pamphlets politiques, fragments d'une traduction d'Hérodote, pastorale de Longus, correspondance. Paris 1857, Didot, 1 vol. in-12.		1
U	115	**Œuvres** complètes de l'abbé PROYART. Paris 1819, Méquignon, 17 vol. in-8.		17
I	115	**Opera** Lucii Annæi SENECÆ. 1 vol. petit in-12, couvert. parch. (sans frontispice).		1
«	116	**Opera** selecta SENECÆ philosophi in gallicum versa operâ et studio P. F. X. D. Parisiis 1761, Barbou, 1 vol. in-12.		1
O	226	**Opera** quæ exstant P. STATII Papinii Io. Bernatius ad libros veteres recensuit et scholiis illustravit, adjectis hâc postremâ editione ad Sylvarum libros observationibus. Coloniæ Allobrogum. Apud Petrum et Jacobum Chouet, 1612, 1 vol. in-16.		1
«	240	**Opera** Publii VIRGILII Maronis curis et studio Steph. Andreæ Philippi. Lutetiæ Parisiorum 1745. Coustelier, 3 vol. in-12.		3
«	274	**Opera** M. Tullii CICERONIS. Parisiis 1555, apud Carolum Stephanum, typographum regium, 1 vol. in-folio (le dos en mauvais état).		1
«	223	**Operum** omnium Joannis Baptistæ SANTOLII Victorini, editio tertia in quâ reliqua opera nondùm conjuncti edita reperiuntur. Parisiis, 1729, Barbou, 2 vol. in-12.		2
I	143	**Opulenti thesauri** et arcæ thesaurariæ Johannis Rudolphi GLAUBERI, sive appendicis generalis centuria secunda quæ ipsius scripta, hactenùs in lucem edita, magis perspicuâ explanatione illustrat, et occultatam in ipsis veritatum evidentiùs demonstrat, Lucis augendæ et tenebrarum dispellendarum gratiâ, ab authore conscripta et in lucem emissa. Amsterodami 1561, apud Joannem Janssonium, 1 vol. in-12, couverture parchemin.		1
O	311	**Opuscules** de M. l'abbé FLEURY, prieur d'Argenteuil. Nîmes 1780, P. Beaume, 5 vol. in-8.		5
«	61	**Oraisons** choisies, les Catilinaires et les livres de la Vieillesse et de l'Amitié de M. T. Cicéron, traduits en français, le texte latin en regard. Lyon 1805, Tournachon-Molin, 3 vol. in-12.		3
«	85	**Oraison** funèbre par l'abbé GRIVEL, prononcée dans la chapelle du collège de Saint-Chamond, à l'occasion de la mort de M. Dervieu, curé de St-Pierre. St-Etienne 1832, 1 vol. in-8.	1	
«	56	**Oraisons** funèbres de J.-B. BOSSUET, avec un commentaire par Bourlet de Vauxelles. Paris an XIII, Migneray, 1 vol. in-8.		1
«	102	**Orationes** ex historicis latinis collectæ. Lugduni 1773, Perisse, 1 vol. in-12.		1
«	103	**Orationes** ex Sallusti, Livii, Curtii et Taciti historiis collectæ ad usum scholarum universitatis parisiensis. Parisiis 1721, Jacob Quillau, 1 vol in-12.		1
«	121	**Orationum** Danielis HEINSII editio nova, prioribus auctior ; accedunt dissertationes aliquot, cum nonnullis præfationibus editore Nic. Heinsio. Amsterdam 1657, Elzévir, 1 vol. in-16.		1

Lettre du genre de l'ouvrage	Numéros des volumes	O	Volumes manquant	Nombre total des volumes
E	51	**Ordonnance** de LOUIS XIV sur le commerce, enrichie d'annotations et de décisions importantes, par Ph. Bornier. Nouvelle édition augmentée des édits et ordonnances donnés par Louis XV en interprétation de celles de Louis XIV et d'un très grand nombre de notes. Paris 1757, Libraires associés, 1 vol. in-12.		1
«	75	**Ordonnance** de LOUIS XIV, roi de France, donnée à Saint-Germain-en-Laye au mois d'avril 1667. Paris 1667, Libraires associés, 1 vol. in-16.		1
«	52	**Ordonnance** de LOUIS XV, concernant les donations, les insinuations, les testaments, les substitutions, etc. Paris 1759, Libraires associés, 1 vol. in-16.		1
O	101	**Ornements** (les) de la mémoire ou les traits brillants des poètes français les plus célèbres, avec des dissertations sur chaque genre de style. Paris 1771, veuve Savoye, 1 vol. in-12.		1
«	399	**Oswal** ou la Vengeance, poésie par VIGAROSY. Castelnaudary 1729, 1 brochure in-12.		1

Lettre du genre de l'ouvrage	Numéros des volumes		Volumes manquant	Nombre total des volumes
		# P		
O	107	**Panégyrique** de Trajan, par PLINE second, de la traduction de M. l'abbé Esprit. Paris 1677, Pierre Le Petit, 1 vol. in-12.		1
A	76	**Panégyriques** des Saints, par le Père DELARUE, jésuite, avec quelques autres sermons du même auteur sur divers sujets. Paris 1740, Gissey et Bordelet, 2 vol. in-12.		2
O	312	**Panthéon littéraire**. Paris 1836-1838, Desrez, 45 vol. in-4.		45
«	104	**Parallèle** des trois principaux poètes tragiques français : Corneille, Racine et Crébillon, précédé d'un abrégé sur leurs vies, d'un catalogue raisonné de leurs ouvrages, etc. Paris 1765, 1 vol. in-12.		1
«	374	**Paris,** ses organes, ses fonctions et sa vie dans la seconde moitié du XIXᵉ siècle, par Maxime DUCAMP. Paris 1875, Hachette, 6 vol. in-12.		6
U	172	**Paris** dans sa splendeur; monuments, vues, scènes historiques, descriptions et histoire. dessins et lithographies avec texte. Paris 1861, H. Charpentier, 3 forts vol. in-folio.		3
O	131	**Parnasse** latin moderne ou choix des meilleurs morceaux des poètes latins qui se sont le plus distingués depuis la renaissance des lettres jusqu'à nos jours, avec leurs notices et la traduction française, par J. Brunel. Lyon 1808, Yvernault et Cabin, 2 vol. in-12.		2
«	199	**Parnasse** (le nouveau) chrétien ou choix des meilleures poésies chrétiennes. Paris 1806, Villet, 1 vol. in-12.		1
«	368	**Pays** (le) des fourrures, par Jules VERNE. Paris, 1 vol. in-8.		1
«	184	**Peinture** (la), poème en trois chants, par M. LEMIERRE. Nouvelle édition augmentée du recueil des sentiments des plus habiles peintres sur la pratique de la peinture et de la sculpture, par Henri Testelin, avec figures en taille douce. Amsterdam 1770, Margerus, 1 vol. in-12.		1
U	165	**Pèlerinages** par J. de SAINT-FÉLIX et P. de JULVÉCOURT. Paris 1833, Allardin, 4 livraisons in-8.		4
A	49	**Pensées** sur la religion naturelle et révélée, lettre à un évêque, réflexions sur l'incrédulité, par M. FORBES, traduites de l'anglais, avec des notes, par Houbigant. Lyon 1769. L. J. Berthoud, 1 vol. in-8.		1
«	63	**Pensées** sur les plus importantes vérités de la religion et sur les principaux devoirs du christianisme, par HUMBERT. Besançon 1822, V. Cabuchet, 1 vol. in-12.		1
«	64	**Pensées** sur les plus importantes vérités de la religion et sur les principaux devoirs du christianisme, par HUMBERT. Paris 1826, Société catholique des bons livres, 1 vol. broché.		1
«	65	**Pensées** sur les plus importantes vérités de la religion et sur les principaux devoirs du christianisme, par HUMBERT. Lyon 1804, Rusand et Cⁱᵉ, 1 vol. in-12.		1
«	75	**Pensées** sur la philosophie de la foi ou le système du christianisme, entrevu dans son analogie avec les idées naturelles de l'entendement humain, par l'abbé LAMOURETTE. Paris 1789, Mérigot jeune, 1 vol. in-12.		1
«	89	**Pensées** sur différents sujets de morale et de piété, tirées des ouvrages de feu Massillon. Paris 1775, Estienne, 1 vol. in-12.		1
«	102	**Pensées** théologiques relatives aux erreurs du temps, Paris 1769, **Humblot, 1 vol. in-12.**		1

Lettre du genre de l'ouvrage	Numéros des volumes	P	Volumes manquant	Nombre total des volumes
I	79	**Pensées** de CICÉRON, traduites par l'abbé d'Olivet. Lyon 1808, Périsse, 1 vol. in-12.		1
«	26	**Pensées** de CICÉRON, choisies et traduites en français par feu J. d'Olivet; on y a joint le texte latin et une traduction italienne, par Dessous. Paris, an VI, Pougens, 1 vol. in-8.		1
«	5	**Pensées** de SÉNÈQUE, recueillies par Angliviel de la Beaumelle et traduites en français. Paris 1768, Barbou, 1 vol. in-12.		1
«	81	**Pensées** de POPE, avec un abrégé de sa vie; extraits de l'édition anglaise de M. Warburton, par M***. Paris 1766, Grange, 1 vol. in-12.		1
O	313	**Pensées** errantes avec quelques lettres d'un Indien, par Mme de ***. Londres 1758, 1 vol. in-12.		1
«	354	**Percement** de l'isthme de Suez. Rapport de la commission hollandaise sur les conséquences du percement de l'isthme; documents publiés par M. Ferdinand de LESSEPS. Paris 1860, Plon, 1 vol. in-8.		1
A	87	**Petit-Carême** de MASSILLON. Paris 1776, Estienne et Hérissant, 1 vol in-12.		1
«	88	**Petit-Carême** de MASSILLON. Paris 1818, Société typographique, 1 vol. in-16.		1
I	63	**Petite école** des Arts et Métiers, par JAUFFRET; ouvrage orné de 125 gravures. Paris 1816, A. Eymery, 4 vol. in-16.		4
A	155	**Pétition** à la Chambre des pairs, précédée de quelques observations sur les calamités, objet de la pétition, par le comte de MONTLOSIER. Paris 1827, Dupont, 1 vol in-8.		1
I	231	**Peuple** (le) et la bourgeoisie, par Emile DESCHANEL. Paris 1881, Germer-Baillière, 1 vol. in-8.		1
O	189	**Pharsale** (la) de LUCAIN, traduite en français par Marmontel. Paris 1766, Merlin, 2 vol. in-8.		2
«	190	**Pharsale** (la) de LUCAIN, édition publiée pour l'usage des classes, et annotée par J. Naudet. Paris 1834, Hachette, 1 vol. 12.		1
«	105	**Philippiques** de DÉMOSTHÈNES et Catilinaires de CICÉRON, traduites par l'abbé d'Olivet. Paris 1777, Barbou, 1 vol. in-12.	1	
A	136	**Philosophe** (le) chrétien ou lettres sur la nécessité et la vérité de la religion, par l'abbé SIGORGNE. Lyon et Mâcon 1776, Rusand et Goery, 1 vol. in-12.		1
I	114	**Philosophia** ad usum scholarum accommodata, auctore Antonio SEGUY. Parisiis 1783, Barbou, 2 vol. in-12.		2
«	4	**Philosophie** des manufactures ou économie industrielle de la fabrication du coton, de la laine, du lin et de la soie, par Andrew URE, traduit, etc. Paris 1836, Mathias, 1 vol. in-12.		1
A	122	**Photin et Irénée** (dialogues entre) sur le dessein de la réunion des religions et sur la question si l'on doit employer les peines ou les récompenses pour convertir les hérétiques (seconde partie). Mayence 1685, Jean Leblanc, 1 vol. in-16.		1
I	108	**Physiologie** et hygiène des hommes livrés aux travaux de l'esprit ou recherches sur le physique ou le moral, les habitudes, les maladies et le régime des gens de lettres, artistes, savants, hommes d'Etat, etc., par J. H. REVEILLE-PARISE. Paris 1839, Dentu, 2 vol. in-8.		2

Lettre du genre de l'ouvrage	Numéros des volumes	P	Volumes manquant	Nombre total des volumes
E	48	**Plaidoyers** et harangues de M. LEMAISTRE. Edition Issali, 1 vol. in-4. (Le premier feuillet manque).		1
O	238	**Plan** de l'Enéide de Virgile ou exposition raisonnée de l'économie de ce poème pour en faciliter l'intelligence, par VICAIRE. Paris 1787, Debure, 1 vol. in-12.		1
I	160	**Poemata** Danielis HEINSII auctiora, editore Nicolao Heinsio. Lugduni 1640, Batavorum. Apud Francis. Hegerum, 1 vol. in-16.		1
«	172	**Poesies** (Carmina) de Q. F. HORACE (texte latin) rétablies dans dans toute leur pureté, par Stéphane Philippe. Paris 1747, Coutelier, 1 vol. in-12.		1
«	171	**Poésies** (Carmina) corrigées et revues, de Q. F. HORACE, (texte latin). Paris 1805, Barbou, 2 vol. in-12.		2
«	170	**Poésies** (Carmina) de Q. F. HORACE, avec notes de Jean Bond. Paris 1765, Quillau, 1 vol. in-12.		1
«	411	**Poésies** de Jean PALERNE, forézien, publiées avec une introduction et des notes, par Auguste Benoît. Paris 1884, Pillet et Dumoulin, 1 vol. in-12 broché. (Don de Mᵐᵉ veuve Benoît).		1
«	130	**Poésies** par Charles BRUGNOT. Dijon 1833, veuve Brugnot, 1 vol. in-8.		1
«	216	**Poésies** (les) françaises de M. l'abbé RÉGNIER des MARAIS. Paris 1740, Noreau, 1 vol. in-12.		1
«	148	**Poésies** de Mᵐᵉ DESBORDES-VALMORE. Paris 1836, Boulland, 2 vol. in-8.		2
«	209	**Poésies** de Jean REBOUL, de Nîmes, précédées d'une préface par A. Dumas, et d'une lettre à l'éditeur par Lamartine. Paris 1837, Gosselin, 1 vol. in-12.		1
«	339	**Poésies** (premières) de Alfred de MUSSET (1829-1852). Paris 1858, Charpentier, 2 vol. in-12.		2
«	404	**Poésies** de François COPPÉE (1864-1878). Paris, A. Lemerre. 3 vol. in-12 brochés.		3
«	108	**Poétique** élémentaire, par M. L. S***. Lyon 1771, Périsse, 1 vol. in-12.		1
»	316	**Pologne** (la) historique, littéraire, monumentale et pittoresque, rédigée par une Société de littérateurs sous la direction de Léonard CHODZKO. Paris 1835-1836, 2 vol. in-4.		2
U	105	**Portefeuille** de mil huit cent treize ou tableau politique et militaire, par De NORVINS. Paris 1825, Mongie, 2 vol. in-8.		2
«	111	**Portraits** et histoire des hommes utiles, hommes et femmes de tous pays et de toutes conditions, publiés et propagés pour et par la Société Montyon et Franklin. Paris 1833-1842, 5 vol. in-8.		5
I	198	**Pouvoir** (le) politique chrétien, discours prononcé à la chapelle impériale des Tuileries pendant le Carême de 1857, par le R. P. VENTURA de RAULICA, et précédé d'une introduction par Louis Veuillot. Paris 1858, Gaume, 1 vol. in-8.		1
O	237	**Prædium** rusticum Jacobi VANIERII, nova editio cæteris emendatior, cum indice locupletiori, accedit vita auctoris nunc primum in lucem edita. Parisiis 1786, Barbou. 1 vol. in-12.		1
A	107	**Pratique** du sacrement de pénitence ou méthode pour l'administrer utilement. Paris 1707, Broncart, 1 vol. in-12.		1

Lettre du genre de l'ouvrage	Numéros des volumes	P	Volumes manquant	Nombre total des volumes
E	83	**Précis** pour les recteurs et administrateurs de l'Hôtel-Dieu de la ville de Saint-Chamond contre le sieur Charles-Abel de Lorras, etc. Paris 1784, Simon et Nyon, 1 broch. in-8.		1
U	2	**Précis** de l'histoire universelle ou tableau historique présentant les vicissitudes des nations, leur agrandissement, leur décadence, etc., par ANQUETIL. Paris 1801, Lequilliez, 11 vol. in-12.		11
«	9	**Précis** d'histoire universelle, par Ach. FRANÇOIS. Paris 1840, Mayre-Nyon, 1 vol. in-12.		1
«	28	**Précis** de l'histoire sacrée, par demandes et par réponses, par l'auteur de la Connaissance de la mythologie. Paris 1787, Guillot, 1 vol. in-12.		1
«	99	**Précis** de l'histoire de France jusqu'à la Révolution française, par MICHELET. Paris 1833, Hachette, 1 vol. in-8.		1
«	100	**Précis** de l'histoire moderne, par MICHELET. Paris 1840, Hachette, 1 vol. in-8, relié avec le précédent.		0
«	85	**Précis** historique des principaux événements politiques et militaires qui ont amené la Révolution d'Espagne, par Louis JULLIAN. Paris 1821, Mongie, 1 vol. in-12.		1
«	112	**Précis** historique de l'ordre de la Franc-Maçonnerie, depuis son introduction en France jusqu'en 1829, suivi d'une biographie des membres de l'ordre, par J. C. B*** Paris 1829, Rapilly, 2 vol. in-8.		2
O	187	**Préludes** poétiques par M. de LOY, précédés d'une introduction par Ch. Durand. Lyon 1827, imprimerie de C. Coque, 1 vol. in-12.		1
O	382	**Presbytère** (le) par Rodolphe TOPFFER. Paris 1879, Hachette, 1 vol. in-12.		1
A	108	**Préservatif** contre le schisme ou questions relatives au décret du 27 novembre 1790. Paris 1791, Leclerc, 1 vol. in-8.		1
O	289	**Presse** (de la) périodique au XIXe siècle, par Emile de GIRARDIN. Paris 1836, Desrez, 1 brochure in-8.		1
«	319	**Presse** (la), journal politique et littéraire. Paris, 17 vol. in-folio.		17
I	187	**Prêtre** (le), la femme et la famille, par J. MICHELET. Paris 1862, Chamerot, 1 vol. in-12.		1
A	109	**Preuves** de la religion de Jésus-Christ contre les spinosistes et les déistes, par M. L. F***. Paris 1751, Etienne et Hérissant, 4 vol. in-12.		4
«	5	**Principes** de la pénitence et de la conversion ou vie des pénitents, par l'abbé BESOIGNE. Paris 1764, Desaint et Saillant, 2 vol. in-12 reliés en un.		1
I	177	**Principes** de sociologie par F. BARRIER. Paris 1867, Noirot, 2 vol. in-8.		2
«	85	**Principes** et observations économiques. Amsterdam 1767, Michel Rey, 2 vol. in-12.		2
O	52	**Principes** abrégés de la littérature à l'usage de la jeunesse, par l'abbé BATTEUX. Paris 1805, Libraires associés, 6 vol. in-12.		6
«	43	**Principes** généraux et particuliers de la langue française, par M. de WAILLY. Paris 1776, Barbou, 1 vol. in-12.		1
«	17	**Principes** raisonnés des langues française et latine, par Benoît DURAND. Lyon 1788, Aimé de la Roche, 1 vol. in-12.		1

Lettre du genre de l'ouvrage	Numéros des volumes	P	Volumes manquant	Nombre total des volumes
I	86	**Prix** de vertu fondés par M. MONTHYON. Discours prononcés à l'occasion de leur distribution. Paris, Didot, 20 broch. in-16.		20
«	87	**Procès-verbal** des séances de l'Assemblée nationale de France, tenues en l'année 1789 et suivantes. Paris 1791, imprimerie nationale, 2 vol. in-4 reliés en 1.		1
«	197	**Progrès** (le) par le christianisme, conférences de N. D. de Paris, par le R. P. FÉLIX, jésuite. Paris 1859, Adrien Le Clerc et Cie, 1 vol. in-8.		1
A	103	**Prophètes** (les douze petits) traduits en français avec l'explication du sens littéral et du sens spirituel tirée des SS. PP. et des auteurs ecclésiastiques. Paris 1680, Lambert-Roulland, 1 vol. in-8, maroq. rouge fil. tr. dor.		1
«	57	**Prophéties** (les) d'HABACUC, traduites de l'hébreu en latin et en français accompagnées de remarques et de notes chronologiques, géographiques, grammaticales et critiques. Paris 1775, Hérissant, 2 vol. in-12.		2
I	122	**Propriété** (de la) par THIERS, 1 vol. in-12. (Le premier feuillet manque).		1
A	111	**Proverbes** de SALOMON traduits en français avec une explication tirée des SS. PP. et des auteurs ecclésiastiques. Paris 1695, Guill. Desprez, 1 vol. in-8.		1
«	112	**Psalmorum** versio nova ex hebræo fonte cum argumentis et notis, quibus duplex eorum sensus litteralis, imò et moralis exponuntur ab auctoribus operis cui titulus « Principes discutés ». Paris 1762, Hérissant, 1 vol. in-12.		1
«	85	**Psaumes** (les) de DAVID et les cantiques de l'Eglise, en latin et en français, avec des arguments, des paraphrases et des notes, par MACE, curé, tirés du commentaire latin de M. Ferrand. Paris 1706, Pralard, 1 vol. in-12.		1
«	113	**Psaumes** (les) de DAVID traduits en français avec une explication tirée des SS. PP. et des auteurs ecclésiastiques. Paris 1689, Guill. Desprez, 3 vol. in-8, mar. rouge, fil. tr. dor.		3
«	73	**Psautier** (le) en français. Traduction nouvelle par J. F. LA HARPE. Paris an VI, Migneret, 1 vol. in-12.		1

Lettre du genre de l'ouvrage	Numéros des volumes	Q	Volumes manquant	Nombre total des volumes
O	402	**Quatre-vingt-treize**, par Victor HUGO. Paris 1874, Michel Lévy, 3 vol. in-8.		3
A	140	**Quatuor** libri de Imitatione Christi Thomæ A. Kempis canonici regularis ord. S. Augustini denuò ad fidem autographi anni 1441 recensiti, cum vitâ cujusdem Thomæ per Heribertum Ros-Uveydum, societatis Jesu. Antverpiæ. Ex officinâ Plantinianâ. Apud Balthasarem Moretum, 1626, 1 vol. in-12, dor. s. tr.		1
«	141	**Quatuor** libri de imitatione Christi Thomæ A. Kempis canonici regularis ord. S. Augustini denuò ad fidem autographi anni 1441 recensiti, cum vitâ cujusdem Thomæ per Heribertum Ros-Uveydum, societatis Jesu. Parisiis 1560, Excudebat Joannes Cusson, viâ Jacobæâ, 1 vol. in-16, bas. fil. dor. s. tr. avec vignettes.		1
I	184	**Questions** politiques et sociales par Ernest HENDLÉ. Paris 1868 Noirot, 1 vol, in-8 broché.		1

Lettre du genre de l'ouvrage	Numéros des volumes	**R**	Volumes manquant	Nombre total des volumes
O	149	**Raillerie** (une) de l'amour, par Mme DESBORDES-VALMORE. Paris 1834, Abel Ledoux, 1 vol. in-8.		1
I	163	**Rapport** sur une fourniture d'eau potable à la ville de Lyon. Lyon 1844, Nigon, 1 brochure in-8.		1
U	142	**Rapport** fait à l'Académie des inscriptions et belles-lettres, au nom de la commission des antiquités de la France, par M. BERGER DE XIVREY, dans la séance publique annuelle du 18 août 1854. Paris 1854, F. Didot, 1 brochure in-4.		1
I	109	**Rapport** de M. Ennemond Richard, secrétaire de la Chambre de commerce de Saint-Etienne, sur l'Exposition de Londres. Saint-Etienne 1851, Théolier, 1 brochure in-8.		1
«	90	**Rapport** du jury départemental de la Seine sur les produits de l'industrie en 1827. Paris 1829, Caprelet, 2 vol. in-8 reliés en 1.		1
«	127 bis	**Rapport** sur l'Exposition universelle de 1855, présenté à l'empereur par S. A. I. le prince NAPOLÉON, président de la commission. Paris 1857, 1 vol. in-8 broché.	1	
«	89	**Rapports** du jury central sur différentes expositions.		32
O	87	**Ratio** discendi et docendi Josephi JUVENCII. Parisiis 1778, Barbou, 1 vol. in-12.		1
I	93	**Recherches** sur l'origine des idées que nous avons de la beauté et de la vertu. Amsterdam 1749, 2 vol. in-12.		2
«	92	**Recherches** philosophiques sur les Egyptiens et les Chinois pour servir de suite aux recherches philosophiques sur les Américains, par M. de P***. Londres 1774, Johnson, 2 vol. in-12.		2
«	200	**Recherches** sur les météores et sur les lois qui les régissent, par COULVIER-GRAVIER. Paris 1859, Mallet-Bachelier, 1 vol. in-8.		1
U	121	**Recherches** historiques et statistiques sur la Corse, par M. F. ROBIQUET. Paris, 1 vol in-4.		1
«	63	**Recherches** sur les aqueducs de Lyon, construits par les Romains, par DELORME. Lyon, 1760, Aimé de la Roche, 1 vol. in-18.		1
«	119	**Recherches** historiques sur la ville de Saint-Chamond, par M. Ennemond RICHARD (2me partie). Saint-Etienne 1856, Théolier, 1 broch. in-8 (relié avec le n° 66).	1	
«	63	**Recherches** historiques sur la ville de Rive-de-Gier, par J.-B. CHAMBEYRON. Rive-de-Gier 1845, Sablière, 1 voi. br.		
I	230	**Récréations** scientifiques ou l'enseignement par les jeux, par Gaston TISSANDIER (avec 225 gravures). Paris, Masson, 1 vol. in-8.		1
E	53	**Recueil** d'aucuns notables arrêts donnés en la Cour du Parlement de Paris, pris des Mémoires de M. Georges LOVET, conseiller du roy en icelle, revu et augmenté par Julien Bredeau, avec sommaires et annotations (tome second, le premier a toujours manqué). Paris 1668, Daunier-Foucault, 1 vol. in-folio.		1
A	114	**Recueil** des bulles et brefs de N. S. P. le Pape Pie VII, relatifs au Concordat. — Décret pour la nouvelle circonscription des archevêchés et évêchés; publication du Jubilé, etc., 1802. (Ce **numéro fait double emploi avec le 108).**		

Lettre du genre de l'ouvrage	Numéros des volumes	**R**	Volumes manquant	Nombre total des volumes
E	55	**Recueil** des principaux édits, ordonnances, déclarations et règlements touchant la juridiction ecclésiastique, par M***. Paris 1757, Debure, 2 vol. in-12.		2
«	72	**Recueil** général des lois et des arrêts en matières civile, criminelle, commerciale et de droit public, par J. B. SIREY. Paris 1820-1823, Herhan, 4 vol. in-4.		4
«	54	**Recueil** des ordonnances, édits, déclarations, règlements et arrêts de la Cour des aides de Paris sur le fait des tailles. Paris 1714, Nic. Gosselin, 1 vol. in-12.		1
«	57	**Recueil** des audiences de la Cour des Pairs sur l'affaire du mois d'avril 1834, avec les rapports de MM. de Bastard et Girod de l'Ain, 1 vol. et 2 broch.		1
«	58	**Recueil** de mémoires et plaidoyers divers, 1 vol.	1	
I	162	**Recueil** de mémoires et d'observations tant sur les maladies qui *attaquent l'œil et les parties qui l'environnent que sur les* moyens de les guérir, par G. PELLIER DE QUENGSY. Montpellier 1783, Jean Martel, 2 vol. in-8, reliés en 1.		1
E	73	**Recueil** de plaidoyers et de discours oratoires pour servir de modèles aux jeunes gens et propres à les former à l'éloquence en général, à celle du barreau en particulier. Paris 1783, *Nyon (tome premier seul)*, 1 vol. in-12.		1
«	56	**Recueil** comprenant : le code des transactions, — de la justice de paix, des lois sur les rentes viagères et les transactions, — principes du droit français à l'usage des juges de paix, succession, règlement concernant le service intérieur de la police et de la discipline de l'infanterie, — contrôleur de l'enregistrement, journal du barreau, feuilleton des résolutions et des projets de résolutions, 1 vol.	1	
I	75	**Recueil** industriel, manufacturier, agricole et commercial de la salubrité publique et des beaux-arts, par J. G. V. de MOLÉON. Paris 1827, Bachelier, 22 vol. in-8.		22
«	93	**Recueil** d'actes administratifs, politiques et parlementaires : *Vérité (la) sur la question d'Orient et M. Thiers*, par le comte d'ANGEVILLE. Paris 1841, Delloye.		

Appel à tous les Français contre les calomnies par lesquelles on a cherché à flétrir la conduite du comte de Bourmont, en 1815. Paris 1840, Poussielgue.

Discours de M. le duc de Broglie, ministre des affaires étrangères, président du conseil, dans la discussion du projet de loi sur la presse. Séance du 24 août 1835.

Discussion complète de l'adresse dans les deux Chambres, extraites des annales du Parlement français, session de 1841.

Développements de la proposition faite par M. Dugas des Varennes, à la Chambre des députés, dans la séance du 28 février 1816, tendante à demander la révocation de la loi du 21 août 1810.

Rapport fait par M. Gillon au nom de la commission chargée d'examiner la proposition de M. Maynoncour sur la suppression du parcours et de la vaine-pâture. 1836.

Discours de M. Guizot dans la discussion du projet de loi portant demande d'un crédit extraordinaire pour le complément des dépenses secrètes de 1837.

Lettre du genre de l'ouvrage	Numéros des volumes	**R**	Volumes manquant	Nombre total des volumes
		Discours de M. Jars dans la discussion sur la prise en considération de la proposition de MM. Pagès et Mauguin. 1841.		
		Message du Président de la République. 1849-1850.		
		Opinions de MM. de Bourienne et de Villéle sur le budget de 1816. Séances des 14, 16 et 18 mars 1816.		
		Philippique contre les octroyeurs et les brigueurs de places, par un Français de 89. Mars 1849.		
		Réponses à M. Guizot et à M. Thiers. 1839.		
		Réponse des habitants de Pélussin au Mémoire publié par les habitants de Virieux. et qui remet en discussion la question ministériellement jugée du transfert de l'église de Pélussin au plateau des Croix.		
		Résumé de l'inspection des écoles primaires du département de la Loire. 1835-1838.		
		La vérité dévoilée. — Question nationale. — Un mot sur l'arriété de la Légion d'honneur, par M. Salel. Session de 1839.		
		Rapport de M. de Tocqueville fait au nom de la commission chargée d'examiner le projet de loi tendant à introduire une réforme dans le régime général des prisons.		
		En tout 1 vol. relié et 16 brochures.		17
I	94	**Recueil** de pièces concernant l'Algérie :		
		Une lettre de M. le maréchal Bugeaud, au sujet du rapport de M. Charles Dupin. du 15 février 1850, sur l'Algérie, avec notes, glose et commentaire, par Leroy de Béthune.		
		De la colonisation en Algérie, et des fortifications propres à garantir les colons des invasions africaines, par Rognat.		
		En tout 2 brochures.		2
«	95	**Recueil** de pièces concernant les mines et les houilles.—Chambre de commerce de St-Etienne. — Rapport et délibération sur le monopole des houilles. Séance du 9 janvier 1851.		
		Délibération du Conseil général de la Loire. Rapport d'une commission et délibération de la Chambre de commerce de St-Etienne sur le monopole des houilles. St-Etienne 1845, Pichon.		
		Rapports de commissions et délibérations du Conseil municipal de St-Etienne, relativement à la coalition des mines de houille *du département de la Loire.*		
		Rapport et délibération sur le monopole des houilles dans le bassin de la Loire.		
		En tout 3 brochures.		3
«	96	**Recueil** de pièces concernant la métallurgie :		
		Comité des intérêts métallurgiques. — *Lettre à M. le Directeur* général de l'Administration des forêts, 28 mai 1840, n° 5.		
		Compte rendu des travaux du comité des intérêts métallurgiques, 1843.		
		En tout 2 brochures.		2

Lettre du genre de l'ouvrage	Numéros des volumes	R	Volumes manquant	Nombre total des volumes
I	97	**Recueil** de pièces concernant les établissements de prévoyance : Des Caisses d'épargne et des moyens d'en étendre l'influence. Comptes rendus des opérations des Caisses d'épargne de Lille (années 1837, 1838), de Montauban (1839), de Saint-Etienne (1838 et 1839). Projet de loi relatif aux Caisses de retraite pour la vieillesse. Projet de loi relatif aux Caisses de secours mutuels, précédé de l'exposé des motifs, présenté par M. Dumas, ministre de l'agriculture et du commerce. (*Séance du 11 décembre 1849.*) En tout 8 brochures.		8
«	98	**Recueil** de pièces sur la condition des soies : Note sur un procédé nouveau proposé pour la condition publique des soies de Lyon, par MM. Talabot. Procès-verbaux des expériences faites à Lyon sur les nouveaux procédés proposés pour la condition des soies, par d'Arcet. Résultat des expériences faites pour l'essai, en grand, du nouveau procédé de MM. Talabot frères, pour le conditionnement des soies après la dessication absolue. En tout 3 brochures.		3
«	99	**Recueil** de pièces concernant les canaux, les chemins de fer et la voirie : Le chemin de fer de la Loire au Rhône, par Bontoux. Paris 1830. Chemin de fer de Lyon à Avignon. Réponse de la Chambre de commerce de St-Etienne au Conseil municipal de Lyon qui demande que le chemin soit établi sur la rive gauche du Rhône. (Séance du 4 juin 1851.) Discours prononcé par M. Duchâtel, ministre de l'intérieur, dans la discussion du projet de loi relatif à l'établissement des grandes lignes de chemins de fer. (Séance du 7 mai 1842.) Mémoire sur le chemin de fer de Marseille à Avignon. Notice sur l'inauguration de la section de Nevers, chemin de fer du centre. Paris 1830. Observations présentées à MM. les membres de la commission des chemins de fer, à la Chambre des députés, sur la situation des usines à fer. 1840. Projet d'un chemin de fer de Paris à Rouen, au Havre et à Dieppe, par la vallée de la Seine, avec un atlas. Paris 1836. Observations présentées au nom du Conseil municipal de Clermont-Ferrand, par Smith, en faveur du chemin de fer du centre, de Paris à Clermont. Clermont-Ferrand 1842. En tout 8 brochures.		8
«	100	**Recueil** d'enquêtes.		1
«	101	**Recueil** de pièces concernant la proposition de M. Jean DOLFUS.	1	
«	102	**Recueil** de pièces concernant l'agriculture : Notice sur les procédés du Parlement d'Angleterre, de 1814 à 1818, relativement à l'état de l'agriculture et à la législation du commerce des grains. Paris 1830, Selligue. Rapport fait à la Société d'agriculture de Montbrison sur l'établissement d'une ferme-modèle. Montbrison 1836, Bernard, 2 brochures.		2

Lettre du genre de l'ouvrage	Numéros des volumes		Volumes manquant	Nombre total des volumes
		R		
I	103	**Recueil** de diverses pièces des Chambres de commerce :		
		Comité central pour la défense du travail national. Réponse au mémoire de la Chambre de commerce de Bordeaux. Janv. 1844.		
		Rapport de la Chambre de commerce de St-Etienne contre le projet de démembrement du département de la Loire.		
		Chambre de commerce de Toulouse. Rapport de la commission chargée de l'examen des questions qui se rattachent au commerce des céréales à propos du décret du 14 janvier 1850.		
		Pétition de la Chambre de commerce de St-Etienne à MM. les membres du Conseil municipal.		
		En tout 4 brochures.		4
«	104	**Recueil** de diverses pièces concernant les contributions de toute nature :		
		Discours de M. Cunin-Gridaine, ministre de l'agriculture et du commerce, dans la discussion générale du projet de loi relatif au traité belge et à quelques dispositions nouvelles du tarif général des douanes. (Séance du 31 mars 1846.)		
		Rapport fait par M. Martin (du Nord) au nom de la commission chargée d'examiner le projet de loi sur les douanes. (Séance de la Chambre des députés, du 15 juillet 1840.)		
		Exposé des motifs et projet de loi sur les douanes, présenté par M. le ministre du commerce et des manufactures.		
		Observations sur les projets de loi de 1834 et 1835, relatifs aux patentes.		
		Du service des postes et de la taxation des lettres au moyen d'un timbre. Paris 1838.		
		5 brochures.		5
«	105	**Recueil** de diverses pièces concernant l'industrie, le commerce, les arts et métiers et les manufactures :		
		Les colonies et la métropole ; le sucre exotique et le sucre indigène, par Timothée Dehay. Paris 1839, Hortet.		
		Discours du roi à l'occasion des récompenses accordées à l'industrie nationale, et la liste des exposants qui ont obtenu des récompenses. 3 exemplaires.		
		Discours de M. le baron Dupin (Charles), sur l'avenir de la classe ouvrière, prononcé le 24 novembre 1833, au Conservatoire des arts et métiers.		
		Ecole centrale des arts et manufactures destinée à former des ingénieurs civils, des directeurs d'usines, des chefs de manufactures, des professeurs de sciences appliquées.		
		Analyse de la question des sucres, par Napoléon-Louis-Bonaparte. Paris 1842, Dondé-Dupré.		
		Pétition à la Chambre des députés par les maîtres des verreries de Rive-de-Gier et de Givors contre le droit de plombage perçu sur leurs produits exportés par la douane d'Arles.		
		Rapport de la commission chargée d'examiner et de rechercher les causes de la décadence de la quincaillerie à St-Etienne et les moyens de la régénérer.		
		De la protection en matière d'industrie et des réformes de sir Robert Peel, par de Romanet.		
		En tout 1 vol. relié et 7 brochés.		8

Lettre du genre de l'ouvrage	Numéros des volumes	R	Volumes manquant	Nombre total des volumes
O	81	**Recueil** des oraisons funèbres prononcées par Messire Esprit FLÉCHIER, évêque de Nîmes. Nîmes 1782, Pierre Beaume, 1 vol. in-8 (relié avec le 56).		1
«	94	**Recueil** des oraisons funèbres prononcées par Messire Jules MASCARON, évêque d'Agen. Paris 1741, Jean Desaint, 1 vol. in-12.		1
«	210	**Recueil** de plusieurs pièces d'éloquence et de poésie présentées à l'Académie française pour le prix de l'année 1681. Paris 1681, J. Couterot et L. Guérin, 1 vol. in-12.		1
«	212	**Recueil** de plusieurs pièces d'éloquence et de poésie présentées à l'Académie française pour les prix de l'année 1705, avec quelques discours qui ont été prononcés dans l'Académie en différentes occasions. Paris 1705, Coignard, 1 vol. in-12.		1
«	329	**Recueil** des lettres de Mme de SÉVIGNÉ à Mme la comtesse de Grignan, sa fille. Paris 1754, David, 8 vol. in-12.		8
«	271	**Recueil** des œuvres de Mme du BOCCAGE, augmenté de l'imitation en vers du poème d'Abel. Lyon 1770, Périsse, 3 vol. in-12.		3
«	214	**Recueil** de pièces diverses :		
		1° Les progrès de l'esprit humain, par BENOIT Phil. Lyon 1840, Montlouis, 1 vol. in-12.	1	
		2° Le Mont-d'Or lyonnais, fragment d'une nouvelle inédite, intitulée : Pauliska ou l'orpheline polonaise. 1 vol.	1	
	214 bis	3° Epître amoureuse d'Héloïse à Abélard, par Léopold CUREZ. Lyon 1833, 1 broch. in-8.		
	214 ter	4° Napoléon ou la vie d'un grand homme, drame contemporain en trois actes et 10 tableaux, par Eugène de LAMERLIÈRE, représenté à Lyon, le 30 octobre 1830. Lyon 1830, Chambet, 1 vol in-16.		1
«	215	**Recueil** de pièces diverses :		
		1° Enfant prodigue, poème en 4 chants, par M. Campenon. Paris 1811, Delaunay, 1 vol. in-8.		1
	215 bis	2° Caveau Lyonnais ou recueil de chansons et poésies de la Société épicurienne de Lyon. Lyon 1828, Coque, 2 vol. in-16 reliés en 1.		1
	215 ter	3° Célestinade (la) ou la guerre des auteurs et des acteurs lyonnais, poème héroï-comique, en quatre chants, par M. Kauffmann. Lyon 1828, Laforgue, 1 vol. in-16.		1
	215 4°	4° Geriniade (la) ou les élections en 1827, à St-Etienne, poème héroï-comique, en quatre chants, 1 brochure manuscrite in-8.		1
«	211	**Recueil** de pièces de poésie présentées à l'Académie française pour le prix de l'année 1704, avec plusieurs discours qui ont été prononcés dans l'Académie et plusieurs pièces de poésie qui y ont été lues en différentes occasions. Paris 1704, J.-B. Coignard, 1 vol. in-12.		1
«	213	**Recueil** de poésies diverses. Amsterdam 1715, Pierre Humbert, 1 vol. in-12.		1
«	321	**Recueil** de l'académie des Jeux floraux (1814-1850). Toulouse, Dalles, 16 vol. in-8.		16
		N. B. — Cette collection comprend un mémoire pour servir à l'histoire des Jeux floraux, par M. POITEVIN-PEITAVI. Toulouse 1815, Dalles, 2 vol. in-8 reliés en 1.		1

Lettre du genre de l'ouvrage	Numéros des volumes	R	Volumes manquant	Nombre total des volumes
U	231	**Recueil** de mémoires et documents sur le Forez, publiés par la Société de la Diana. St-Etienne 1875, Chevalier, 2 vol. in-18.		2
		Monographie de la Diana, ancienne salle des Etats de la province de Forez, par H. GONNARD. Vienne 1875, Savigné, 1 vol. in-8 broché.		1
A	115	**Réflexions** sur l'état de l'Eglise en France pendant le XVIIIᵉ siècle, et sur sa situation actuelle. Paris 1808, 1 vol in-8, relié avec le nᵒ 72.		
I	70	**Réflexions** sur la prémotion physique, par le R. P. MALLE-BRANCHE. Paris 1715, Michel David, 1 vol. in-12.		1
O	403	**Réflexions** et menus propos d'un peintre genevois ou essai sur le beau dans les arts, par Rodolphe TOPFFER, précédées d'une notice sur la vie et les ouvrages de l'auteur. Paris 1878, Hachette, 1 vol. in-12.		1
I	62	**Réflexions** philosophiques sur le système de la nature, par M. HOLLAND. Londres 1773, 2 vol. in-12.		2
A	118	**Réformés** (Etat des) en France. La Haye 1685, Barent-Beek, 1 vol. in-18.	1	
O	405	**Régénérateur** (le véritable) scientifique et moral, divisé en deux parties plus un important complément, par Augustin BABIN. (Don de l'auteur.) Paris 1884, Unsinger, 1 br. in-12.		1
U	144	**Relation** du voyage à la recherche de La Pérouse, fait par ordre de l'Assemblée constituante, pendant les années 1791-1792, et pendant la première et la deuxième année de la République française, par LABILLARDIÈRE. Paris an VIII, Jansen, 2 vol. in-8.		2
«	89	**Relation** exacte et impartiale de ce qui s'est passé à Nancy, le 31 août et les jours précédents, par M. de LÉONARD. Paris 1790, Letellier, 1 vol. in-4.		1
O	207	**Religion** (la), poème, par Louis RACINE, Paris 1786, Desaint, 1 vol. in-12.		1
A	124	**Religion** du cœur ou guide du néophyte, lecture consolante pour chaque jour du mois, par le comte de la RIVALLIÈRE-FRAUENDORF Paris 1837, Curmer, 1 vol. in-12.		1
«	119	**Religion** du cœur exposée dans les sentiments qu'une tendre piété inspire, avec de courtes élévations pour toutes les situations où l'on peut se trouver, par M. le chevalier de ***. Paris 1789, Nyon, 1 vol. in-12.		1
«	120	**Religionis** naturalis et revelatæ principia methodo scholasticâ digesta in usum academicæ juventutis. Paris 1754, Guérin, 3 vol. in-8.		3
«	121	**Religionis** naturalis et revelatæ principia methodo scholasticâ digesta in usum academicæ juventutis. (Editio secunda auctior et emendatior.) Parisiis, apud Carolum Berton, 1774, 3 vol. in-8.		3
O	115	**Remarques** ou réflexions critiques, morales et historiques sur les plus belles et les plus agréables pensées qui se trouvent dans les ouvrages des auteurs anciens et modernes. Paris 1690, A. Seneuse, 1 vol. in-12.		1
E	89	**Réponse** pour M. J.-B. Berger, notaire à St-Chamond, ou mémoire publié par M. Clémaron, se disant étudiant en droit en la même ville. 1818, 1 br. in-8.		1

Lettre du genre de l'ouvrage	Numéros des volumes	R	Volumes manquant	Nombre total des volumes
U	31	**République** romaine ou plan général de l'ancien gouvernement de Rome, par M. de BEAUFORT. Paris 1767, Saillant et Desaint, 6 vol. in-12.		6
«	132	**Révolutions** de Portugal, par l'abbé de VERTOT. Paris 1804, Libraires associés, 1 vol. in-12.		1
O	324	**Revue** étrangère de la littérature et des sciences. (Avril 1834). Paris, 1 brochure in-8.		1
«	412	**Revue** (la nouvelle) :		
		1879, octobre et décembre. 1 vol. in-8.		1
		1880, 10 mois, 5 vol.		5
		1881, 10 mois, 5 vol.		5
		1882, 6 vol.		6
I	207	**Revue scientifique** de la France et de l'étranger. (Années 1874-77-78-79-80-81-82-83-84.) 18 vol. in-4.		18
I	234	**Revue des sciences** (la nature), publiée sous la direction de M. Gaston Tissandier (années 1879-80-81-82-83-84). Paris, Masson, 11 vol. in-4.		11
O	414	**Revue** politique et littéraire, publiée sous la direction de M. Yung, rédacteur en chef (années 74-77-78-79-80-81-82-83-84). 18 vol. in-4.		18
O	409	**Revue des Deux-Mondes.** (Année 1877.) 24 livraisons broch.		24
«	326	**Revue** de Paris. Paris, Everat (1829-44). 91 vol in-8.		91
«	325	**Revue** du Lyonnais : esquisses physiques, morales et historiques. Lyon 1835-80, 50 vol. in-8.		50
«	322	**Revue** de Marseille (1838). Marseille, 5 vol. in-8.		5
«	323	**Revue** du Dauphiné, publiée sous la direction de M. Jules Ollivier. Valence 1837-39, Borel, 6 vol. in-8 reliés en trois.		3
«	327	**Revue** de Saint-Etienne et de la Loire. St-Etienne 1833, Gonin, 1 vol. in-8.		1
«	66	**Rhetoricâ** (de arte) libri quinque, lectissimis veterum auctorum ætatis aureæ perpetuisque exemplis illustrati, auctore P. Dominico de COLONIA, societatis Jesu. Lugduni 1744, Périsse, 1 vol. in-12.		1
«	«	**Rethoricâ** (de arte) libri quinque, lectissimis veterum auctorum ætatis aureæ perpetuisque exemplis illustrati, auctore P. Dominico de COLONIA, societatis Jesu. Ludgduni 1782, Périsse, 1 vol. in-12.		1
«	62	**Rhetorici** libri (nova editio) M. Tulli CICERONIS, juxtâ accuratissimam D. Lallemand emeriti rhetoricæ professoris editionem. Parisiis 1778, Brocas, 1 vol. petit in-12.		1
«	63	**Rhétorique** de CICÉRON ou les trois livres du dialogue de l'orateur, en latin et en français. Lyon 1692, H. Molin, 1 vol. in-12.		1
«	116	**Rhétorique** française à l'usage des jeunes demoiselles, avec des exemples tirés, pour la plupart, de nos meilleurs orateurs et poètes modernes. Paris 1802, Belin, 1 vol. in-12.		1
«	72	**Rhétorique** française, par M. DOMAIRON. Paris 1804, Deterville, 1 vol, in-12.		1
A	123	**Rituel** du diocèse de Soissons. Paris 1753, Antoine Boudet, 4 vol. in-4.		4

Lettre du genre de l'ouvrage	Numéros des volumes	R	Volumes manquant	Nombre total des volumes
O	413	**Rive-de-Gier**, poème familier par Guillaume ROQUILLE, ouvrier ferblantier, suivi de : « Lo procès pardzu » poemo ein patuais de vait Vardegi. Lyon, 1859, Louis Perrin, 1 vol. in-8 broché.		1
A	126	**Rois** (les deux premiers livres des) traduits en français, avec une explication tirée des SS. PP. et des auteurs ecclésiastiques. Paris 1690, Guillaume Desprez, 1 vol. in-8.		1
«	127	**Rois** (les deux derniers livres des) traduits en français avec une explication tirée des SS. PP. et des auteurs ecclésiastiques. Paris 1686, Guillaume Desprez, 1 vol. in-8.		1
O	333	**Rosa et Gertrude**, par Rodolphe TOPFFER, précédé d'une notice sur la vie et les ouvrages de l'auteur, par Sainte-Beuve. Paris 1873, Hachette, 1 vol. in-12.		1
A	128	**Rosæ** selectissimarum virtutum quas Dei mater orbi exhibet, pars II, coràm serenissimo utrique Bavariæ duce, S. R. P., archidapifero, electore, Maximiliano et serenissimà conjuge Elisabethâ, explicata ab Hieremia DRESCELIO, è societate Jesu. Antverpiæ, apud viduam Joannis Cnobari. 1641, 1 vol. in-18 parch.		1
U	6	**Rudiments** de l'histoire, en trois parties scholastiques, par DOMAIRON. Paris 1804, Deterville, 3 vol. in-12.		3
A	131	**Ruperti** albatis monasteriis heriberti, Tuitiensis ordinis S. Benedicti viri doctissimi summiqne inter veteres theologi; opera quotquot hactenùs haberi potuerunt auctiora et emendatiora quàm anteà, cum duobus indicibus priore rerum et verborum posteriore locorum S.Scripturæ. Parisiis 1638, Car. Chastelain, 2 forts vol. in-fol.		2
I	233	**Russie** au ban de l'univers et du catholicisme, par Adrien PELADAN. Paris 1854, Blanc, 1 vol. in-8 broché.		1

Lettre du genre de l'ouvrage	Numéros des volumes	S	Volumes manquant	Nombre total des volumes
I	23	**Sagesse** (de la), par CHARRON. Edition dite de Paris, 1607, 1 vol. in-12. (Le premier feuillet manque.)		
U	156	**Saint-Etienne** ancien et moderne, par Isidore HEDDE. Saint-Etienne 1841, Delarue, 1 vol. in-4.		1
A	100	**Saint** (du) et fréquent usage des sacrements de pénitence et d'eucharistie, par le R. P. PALLUE, jésuite. Paris 1751, Berton et Durand, 1 vol. in-12.		1
«	78	**Saint-Evangile** (le) de Jésus-Christ, selon saint Mathieu, traduit en français avec une explication tirée des SS. PP. et des auteurs ecclésiastiques. Paris 1696, Guillaume Desprez, 4 vol. in-8.		4
O	221	**Saisons** (les) poème. Amsterdam 1771, 1 vol. in-12.		1
«	234	**Saisons** (les) poème traduit de l'anglais, de Thompson. Paris 1759, Hérissant, 1 vol. in-12.		1
«	150	**Salon** (le) de lady Betty, mœurs anglaises par Mme DESBORDES-VALMORE. Paris 1836, Charpentier, 2 vol. in-8, reliés en 1.		1
I	237	**Salon** (le) illustré par les principaux artistes peintres et sculpteurs, publié sous la direction de E. Bernard. Paris 1882. Marpon, 1 vol. in-12 broché.		1
O	176	**Satiræ** (JUVENALIS et PERSII). Londres 1744, 1 vol. in-18.		1
«	201	**Satires** de PERSE, traduction nouvelle par Carron de Gibert, avec des notes et des poésies du même traducteur. Amsterdam 1771, 1 vol. in-12.		1
«	202	**Satires** de PERSE, traduites en vers français par Auguste Desportes. Paris 1841, Hachette, 1 vol in-8.		1
«	352	**Satires** de PÉTRONE, latin et français, traduction suivant le manuscrit trouvé à Belgrade en 1688. Edition augmentée de la contre-critique de Pétrone. Amsterdam 1756. 1 vol. in-12.		1
«	203	**Satiricon** PETRONII Arbitri, ejusdemque fragmenta, illustrata hâc novâ editione J. Bourdelotii notis criticis, et glossario Petroniano, repurgante singula et accurante Rutgero Hermannide. Amstelodami, apud Ægydium Jansonium Valkenier. 1663, 1 vol. in-18.		1
«	379	**Savoie** (la) armée pendant la guerre franco-allemande 1870-1871, par Frédéric SASSONE. Chambéry 1874, Bonne, 1 vol. in-8.		1
«	153	**Scalptura** carmen auctore Ludovico DOISSIN, S. J. Parisiis 1753, Lemercier, 1 vol in-12.		1
«	32	**Schorus** digestus seu delectus latinitatis auctore MONETO. Lyon 1619, 1 vol. in-12.	1	
I	229	**Science** (la) universelle pour tous. Paris, 1 vol. in-8 broché.		1
«	13	**Science** économique des manufactures, traduit de l'anglais, de Ch. BARBAGE par Isoard. Paris 1834, Dondey-Dupré, 1 vol. in-8.		1
«	235	**Sciences** (annales des) géologiques publiées sous la direction de M. Hébert et de Milne Edwards. Paris 1869, Masson, 9 vol. in-8 brochés.		9
O	152	**Sculptura** carmen auctore Ludovico DOISSIN, S. J. Parisiis 1757, Lemercier, 1 vol. in-12.		1
«	407	**Serge Panine** par Georges OHNET. Paris 1882, Ollendorff, 1 vol. in-12 broché.		1

Lettre du genre de l'ouvrage	Numéros des volumes	S	Volumes manquant	Nombre total des volumes
A	24	**Sermon** sur la dédicace solennelle de l'Eglise des RR. PP. Augustins déchaussés de Paris, sous le titre de Notre-Dame-des-Victoires, prononcé le mercredi, quatrième jour de l'octave de la consécration, 16 novembre 1740, par l'abbé CLÉMENT. Paris 1741, Guérin, 1 vol. in-12.		1
«	62	**Sermons** du P. HUBERT, prêtre de l'Oratoire, pour le Carême. Paris 1725, veuve Roulland, 6 vol. in-12.		6
«	37	**Sermons** pour le Carême par le R. P. DUFAY, jésuite. Lyon 1738, veuve de la Roche. 1 vol in-12.		1
«	135	**Sermons** des plus célèbres prédicateurs de ce temps pour le Carême et quelques autres temps de l'année. Bruxelles 1740, 3 vol. in-12.		3
«	144	**Sermons** prêchés devant le roi pendant le Carême de 1764, par l'abbé TORNÉ. Paris 1765, Saillant, 3 vol. in-12.		3
«	12	**Sermons** et pensées du P. BOURDALOUE, jésuite, pour les fêtes des Saints et pour les vestures et processions religieuses. Paris 1723, Rigaud, 20 vol. in-12.		20
«	101	**Sermons** et homélies sur les mystères de Notre-Seigneur, de la sainte Vierge et sur d'autres sujets par Jérôme DEPARIS. Paris 1738, Didot et Nyon, 3 vol. in-12.		3
«	142	**Sermons** sur diverses matières importantes, par feu M. TILLOTSON, archevêque de Cantorbéry. traduits de l'anglais par Jean Barbeyrac. Amsterdam 1744, Pierre Humbert, 7 vol. in-12.		7
«	13	**Sermons** du P. BRETONNEAU, jésuite. Paris 1749, J.-B. Coignard, 7 vol. in-12.		7
«	47	**Sermons** de morale prêchés devant le roi par M. FLÉCHIER, évêque de Nîmes, avec ses discours synodaux et autres sermons prêchés à l'ouverture des États de Languedoc et dans sa cathédrale. Paris 1750, G. Cavelier, 2 vol. in-12.		2
«	95	**Sermons**, harangues, discours, etc..., de M. de NESMOND, archevêque de Toulouse. Paris 1754, Durand, 1 vol. in-12.		1
«	117	**Sermons** de dom REGNIER, bénédictin. Lyon 1761, J.-B. Regnillat, 2 vol. in-12. (Le troisième a toujours manqué.)		2
«	106	**Sermons** de M. l'abbé POULE. Paris 1781, Mérigot, 2 vol. in-12.		2
«	137	**Sermons** choisis de L. STERNE, traduits de l'anglais par M. D. L. B***. Londres et Paris 1786, Buisson 1 vol. in-12.		1
I	234	**Socialisme** (le) d'Etat et la question économique en France. Paris 1882, 1 broch. in-8.		1
O	125	**Soirées** (les) provençales ou lettres de M. BÉRENGER, écrites à ses amis pendant ses voyages dans sa patrie. Paris 1786, Nyon, 3 vol. in-12.		3
I	179	**Solidarité**; vue synthétique sur la doctrine de Ch. Fourier, par Hippolyte RENAUD. Paris 1866, Noirot, 1 vol. in-12.		1
O	343	**Sonnets**, poèmes et poésies par Joséphin de SOULARY. Lyon 1864, Louis Perrin, 1 vol. in-18.		1
U	224	**Souvenirs** du Mont-Pilat et de ses environs, par E. MULSANT. Lyon 1870, Pitrat, 1 vol. in-12.		1
I	118	**Spectateur** (le) ou le Socrate moderne où l'on voit un portrait naïf des mœurs de ce siècle, traduit de l'anglais. Amsterdam 1744, Westeins et Smith, 6 vol. in-12.		6

S

Lettre du genre de l'ouvrage	Numéros des volumes		Volumes manquant	Nombre total des volumes
I	119	**Statistique** de la France, publiée par M. le ministre de l'agriculture et du commerce. Paris 1840, 2 vol. in-4, brochés.	2	
«	236	**Statistique** monumentale de Paris, par Albert LENOIR. 2 forts vol. in-folio (planches).		2
O	330	**Statistiques** françaises et étrangères, 1 vol.	1	
E	36	**Style** universel de toutes les cours et juridictions du royaume pour l'instruction des matières civiles, suivant l'ordonnance de Louis XIV, du mois d'avril 1667, par M. GAURET. Paris 1740, Libraires associés, 1 vol. in-12 (tome deuxième).		1
A	156	**Surnaturel** (le) par BLANCHE; étude de métaphysique religieuse. Paris 1872, V. Palmé, 1 vol. in-8.		1
U	195	**Suspects** (les) en 1858, étude historique sur l'application de la loi de sûreté générale, par Eug. TÉNOT et Ant. DUBOST. Paris 1869, Lechevalier, 1 vol. in-8.		1
O	36	**Syllabus** seu lexicon latino-gallico-græcum vulgaverat olim P. Franciscus POMEY, societatis Jesu; nunc accurante uno ex eâdem societate. Lugduni 1757, Mauteville, 1 vol. in-8.		1
«	19	**Synonymes** latins et leurs différentes significations, par GARDIN-DUMESNIL. Paris 1788, Nyon, 1 vol. in-8.		1

Lettre du genre de l'ouvrage	Numéros des volumes	**T**	Volumes manquant	Nombre total des volumes
E	62	**Table** alphabétique et raisonnée du recueil général des lois et des arrêts (1800-1820) ou jurisprudence du XIXe siècle, par J. B. SIREY. Paris 1821, 1 fort vol. in-4.		1
I	120	**Table** des procès-verbaux de la Chambre des députés, session de 1835, 1 liasse.	1	
U	163	**Tableau** de Paris, par MERCIER. Amsterdam 1783, 12 vol. in-8.		12
«	62	**Tableau** des Croisades pour la conquête de la Terre-Sainte, par Ant. CAILLOT, avec figures sur acier. Paris 1818, Delaunay, 2 vol. in-12.		2
«	184	**Tableau** historique des révolutions de la littérature ancienne et moderne avec des observations utiles et curieuses sur les ouvrages de quelques auteurs célèbres (traduit de l'italien). Paris 1776, Laporte, 1 vol. in-12.		1
O	239	**Telemachiados** libros XXIV è gallico sermone Fr. de Salignac de la Mothe FENELON in latinum carmen transtulit Steph. Alex Viel. Lutetiæ Parisiorum, 1808, Didot, 1 vol. in-12.		1
I	173	**Terre** (la) avant le déluge, par Louis FIGUIER, contenant 25 vues idéales de paysages de l'ancien monde, 325 autres figures et 8 cartes géologiques. Paris 1864, Hachette, 1 vol. in-8.		1
«	174	**Terre** (la) et les mers ou description physique du globe, par Louis FIGUIER, avec 170 vignettes et 20 cartes physiques. Paris 1864, Hachette, 1 vol. in-8.		1
U	236	**Terre** (la), description des phénomènes de la vie du globe, par Elysée RECLUS, divisée en deux parties : 1o les continents; 2o l'Océan, avec 236 cartes ou figures. Paris 1874, Hachette, 2 vol. in-4.		2
O	370	**Terre** (de la) à la lune. — Autour de la lune, par Jules VERNE. Paris, 1 vol. in-8.		1
I	226	**Terres** (les) du ciel, par C. FLAMMARION : description astronomique, physique, climatologique, géographique des planètes qui gravitent avec la terre autour du soleil ou de l'état probable de la vie à leur surface. Paris 1877, Didier, 1 vol. in-8.		1
O	232	**Théâtre** (le) des Grecs, par le R. P. BRUMOY (traduction). Paris 1763, Libraires associés, 7 vol. in-12.		7
«	229	**Théâtre** de TÉRENCE. (Titre et texte latins). Paris 1540, Robert Estienne, 1 vol. in-32.		1
«	230	**Théâtre** de TÉRENCE comprenant six comédies (titre et texte latins). Londres 1744, Brindley, 1 vol. in-16.		1
«	231	**Théâtre** de TÉRENCE Pub. Af. contenant six comédies revues selon les meilleures éditions; on y a ajouté des observations tirées des livres mss. et des commentaires des érudits. (Titre et texte latins.) Paris, Natal Le Loup et Jacob Mérigot, 2 vol. in-12. (Ouvrage orné de vignettes.)		2
«	350	**Théâtre** (le) de la foire ou l'opéra comique contenant les meilleures pièces qui ont été représentées aux foires de Saint-Germain et de Saint-Laurent, enrichies d'estampes en taille douce, revues et corrigées par Lesage et d'Orneval. (Tome deuxième) Paris 1721, Et. Ganeau, 1 vol. in-12. (Il manque à cet ouvrage la pièce d'Arlequin défenseur d'Homère.)		1
«	83	**Théâtre** à l'usage des jeunes personnes, par Mme la comtesse de GENLIS. Maestricht 1783, Dufour et Roux, 2 vol. in-12.		2

Lettre du genre de l'ouvrage	Numéros des volumes	T	Volumes manquant	Nombre total des volumes
«	233	**Théâtre** à l'usagé des collèges, des écoles royales militaires et des pensions particulières. Paris 1789, Defer de Maisonneuve. 2 vol. in-12.		2
I	121	**Théisme** (le) ou introduction générale à l'étude de la religion. Paris 1785, Poinçot, 2 vol. in-12 reliés en 1.		1
A	4	**Theologia** dogmatica et moralis ad usum seminariorum, auctore Ludovico BAILLY. Divione, apud L. N. Frantin, 1789, 8 vol. in-12.		8
I	66	**Théorie** des sentiments agréables où, après avoir indiqué les règles que la nature suit dans la distribution du plaisir, on établit les principes de la théologie naturelle et ceux de la philosophie morale. Paris 1749, David, 1 vol in-12.		1
O	177	**Thesaurus** epitaphiorum veterum ac recentium, selectorum ex antiquis inscriptionibus, omnique scriptorum genere, non sinë delectu et ingenioso ordine ante XX et quod excurrit annos in partes tributus duodecim, operâ ac studio R. P. Philippi LABBE. Parisiis 1666, apud Gasparum Meturas, 1 vol. in-12.		1
«	355	**Thesaurus** græcæ linguæ ab Henrico STEPHANO constructus ; post editionem anglicam novis additamentis auctum, ordineque alphabetico digestum tertiò ediderunt Car. Ben-Hase, Lud. de Pionner, Th. Fix. (Volumen primum et secundum). Parisiis 1831, Didot, 1 vol. in-folio.		1
U	47	**Tibère** ou les six premiers livres des annales de TACITE, traduits par l'abbé de la Bléterie. Paris 1768, imprimerie royale, 3 vol. in-12.		3
A	143	**Tobie, Judith et Esther**, traduits en français avec une explication tirée des SS. Pères et des auteurs ecclésiastiques. Paris 1688, Guill. Desprez, 1 vol. in-8.		1
I	27	**Tomus quartus** operum M. Tullii CICERONIS, philosophicos ejus libros complectens, quorum seriem altera pagina indicat. Variæ lectiones ex permultis antiquissimis ac mss. exemplaribus quibus prior lectio (si quid ab eâ immutatum est) nonnullæque doctiorum conjecturæ adjunctæ sunt. Index copiosissimus rerum ac verborum memoriâ digniorum. Lutetiæ 1554, apud Carolum Stephanum, 1 vol in-folio.		1
U	204	**Tour** (le) du monde, journal de voyages, publié sous la direction d'Edouard CHARTON. (1860-81.) Paris, Hachette, 26 vol. in-4.		26
O	361	**Tour** du monde en 80 jours, par Jules VERNE. Paris 1 vol. in-4. (Ce volume fait double emploi avec le « Docteur Ox. »)		
«	84	**Traduction** (de la) considérée comme moyen d'apprendre une langue et comme moyen de former le goût, par dom F. P. GOURDIN. Rouen 1789, 1 vol in-12.		1
«	191	**Traduction** libre de LUCRÈCE, avec un discours préliminaire. Paris et Amsterdam 1768, Chastelain, 1 vol. in-12.		1
U	51	**Traduction** nouvelle, par Dureau de la Malle, de l'histoire romaine de TITE-LIVE, revue par Noël. Paris 1810, Michaud, 15 vol. in-8.		15
«	46	**Traduction** nouvelle de TACITE, par Dureau de la Malle. Paris 1808, Nicole, 5 vol. in-8.		5
«	219	**Traduction** nouvelle de SALLUSTE, avec des notes critiques par M*** de l'Oratoire. Paris 1749, Lottin, 1 vol. in-12.		1

Lettre du genre de l'ouvrage	Numéros des volumes	T	Volumes manquant	Nombre total des volumes
«	45	**Traduction** nouvelle de SALLUSTE, par Dureau de la Malle. Paris 1808, Guiguet et Michaud, 1 vol. in-12.		1
I	126	**Traduction** nouvelle de VALÈRE-MAXIME. Lyon 1700, Molin, 1 vol. in-12		1
O	225	**Tragædiarum** L. Annæi SENECÆ (tomi duo) cum notis et interpretatione gallicâ M. de Marolles. Lutetiæ Parisiorum 1659, P. Lamy, 2 vol in-12.		2
A	110	**Traité** des principes de la foi chrétienne. Paris 1737, Barthélemy Alix, 3 vol. in-12.		3
«	145	**Traité** des principes de la foi chrétienne. Paris 1737, Alix. (Tome 3me. Les autres volumes ont toujours manqué.)	1	
«	39	**Traité** de la doctrine chrétienne et orthodoxe dans lequel les vérités de la religion sont établies sur l'écriture et sur la tradition et les erreurs opposées détruites par les mêmes principes, par Louis Ellies DUPIN. Paris 1703, Pralard, 1 vol. in-8.		1
«	146	**Traité** sur les scrupules ou Placide à Maclovie sur les scrupules. Paris 1776, Bastien, 1 vol. in-12.		1
E	34	**Traité** de la séduction considérée dans l'ordre judiciaire, par M. FOURNEL. Paris 1781, Demonville, 1 vol. in-12.		1
«	65	**Traité** des délits et des peines, traduit de l'italien. Philadelphie, 1766, 1 vol. in-12.		1
«	38	**Traité** des hypothèques par M. le baron GRENIER. Clermont-Ferrand, 1829, Thibaut-Landriot, 2 vol. in-4.		2
«	67	**Traité** des obligations selon les règles tant du for de la conscience que du for extérieur. Paris 1768, Debure, 2 vol in-12.		2
«	37	**Traité** général de l'arbitrage en matière civile et commerciale ou recueil complet des règles à suivre tant par les parties que par les arbitres, par M. GOUBEAU de la BILENNERIE. Paris 1827, Renard, 2 vol. in-8.		2
«	66	**Traité** des droits de timbre et d'enregistrement, avec un appendice sur les droits de greffe et d'hypothèque. Paris 1818, 1 vol. in-12 broché.		1
I	123	**Traité** de l'opinion ou mémoires pour servir à l'histoire de l'esprit humain, par M. Gilbert-Charles LEGENDRE. Paris 1735, Briasson, 6 vol in-12.		6
«	136	**Traité** élémentaire de physique par C. DESPRETZ, Paris 1836, Méquignon-Marvis, 1 vol. in-8.		1
«	160	**Traité** élémentaire de physique par PÉCLET. Paris 1832, Hachette, 2 vol. in-8.		2
«	221	**Traité** élémentaire de physique expérimentale et appliquée et de météorologie, suivi d'un recueil de 100 problèmes avec solutions par A. GANOT. Paris 1876, 1 vol, in-12.		1
«	135	**Traité** élémentaire de chimie et d'application de cette science aux arts ei aux manufactures, par DESMAREST. Paris 1832, Hachette, 1 vol. in-12.		1
«	222	**Traité** élémentaire de chimie par L. TROOST. Paris 1877, Masson, 1 vol. grand in-12.		1

Lettre du genre de l'ouvrage	Numéros des volumes	T	Volumes manquant	Nombre total des volumes
«	52	**Traité** encyclopédique et méthodique de la fabrication des tissus, par une Société de manufacturiers, de dessinateurs et de praticiens, sous la direction de P. FALCOT. Elbeuf-sur-Seine 1845, 2 vol. in-4 reliés en un. *N. B.* — Au 2e volume manquent les planches 84, 119, 120, 121, 122. — Au 1er manquent le titre et les planches 11, 12, 41.		1
O	64	**Traité** de l'orateur par CICÉRON, traduit en français avec des notes par l'abbé Colin. Paris 1751, Debure, 1 vol. in-12.		1
«	118	**Traité** des études ou de la manière d'enseigner et d'étudier les belles-lettres par rapport à l'esprit et au cœur, par ROLLIN. Paris 1819, Audot, 4 vol. in-12.		4
«	42	**Traité** de l'orthographe française en forme de dictionnaire, enrichi de notes critiques et de remarques. Poitiers 1770, F. Faulcon, 1 vol in-8.		1
«	408	**Traité** de la prononciation française à l'usage des adultes, méthode nouvelle par le docteur COLIN. Paris 1867, Bachelin-Deflorenne, 1 vol. in-8 broché.		1
«	109	**Traité** de versification française, par L. QUICHERAT. Paris 1838, Hachette, 1 vol. in-12.		1
U	240	**Traite** (la), l'émigration et la colonisation au Brésil, par Charles EXPILLY. Paris 1865, Lacroix, 1 vol. in-8.		1
«	15	**Traité** de matériaux manuscrits de divers genres d'histoire, par A. MONTEIL. Paris 1836, Duverger, 15 vol. in-8.		15
O	55	**Trésor** (le) des enfants, divisé en trois parties : la morale, la vertu, la civilité, par P. BLANCHARD. (Septième édition ornée de vignettes en taille douce.) Paris 1807, Leprieur, 1 vol. in-12.		1
U	123	**Trésor** héraldique ou Mercure armorial où sont démontrées toutes les choses nécessaires pour acquérir une parfaite connaissance de l'art de blasonner, enrichi de figures et des blasons des maisons nobles et considérables de France et autres royaumes et états de l'Europe, par Charles SEGOING. Paris 1657, Clouzier, 1 vol. in-4.		1
O	336	**Tristia**, histoire des misères et des fléaux de la chasse de France, par A. TOUSSENEL. Paris 1863, E. Dentu, 1 vol. in-12.		1
«	119	**Trois siècles** (les) de la littérature française ou tableau de l'esprit de nos écrivains depuis François Ier jusqu'en 1801, par l'abbé SABATIER, de Castres. Paris 1801, Libraires associés, 4 vol. in-12.		4
«	74	**Tropes** ou des différents sens dans lesquels on peut prendre un même mot dans une même langue, par M. DUMARSAIS. Paris 1776, Libraires associés, 1 vol. in-12.		1
«	235	**Troubadour** (le) ou Guillaume et Marguerite, histoire provençale suivie de notices sur la vie de Mons-Seleucus et sur le souterrain de Mont-Viso, par J. C. L. F***. Paris 1824, Masson, 1 vol. in-12.		1

Lettre du genre de l'ouvrage	Numéros des volumes	U	Volumes manquant	Nombre total des volumes
U	59	**Urfé** (les d'), souvenirs historiques et littéraires du Forez au XVIe et au XVIIe siècle, avec fac-simile, par Auguste BER-NARD. Paris 1839, Imprimerie royale, 1 vol. in-8.		1
E	68	**Usure** (de l') considérée relativement au droit naturel ou réfutation de Grotius, Dumoulin, etc. Paris 1787, Morin, 4 vol. in-12.		4

V

Lettre du genre de l'ouvrage	Numéros des volumes		Volumes manquant	Nombre total des volumes
O	236	**Varia** è variis poetis carmina et orationes. Parisiis 1756, Barbou, 1 vol. in-12.		1
I	107	**Veillées** des jeunes enfants, par M. RENAL. Les Encouragements du premier âge, par le même. Paris, Lehuby, 1 vol. in-16. (Don de l'auteur.)		1
«	183	**Vérité** (la) sur la situation économique et financière de l'empire, par Raoul BOUDON. Paris 1867, Dubuisson, 1 vol. in-8.		1
A	148	**Vespéral** ou abrégé de l'antiphonaire de Paris, noté. Grenoble 1779, veuve Giroud, 1 vol. in-8.		1
«	58	**Vie** de saint Athanase, patriarche d'Alexandrie, divisée en douze livres, qui comprend encore l'histoire de saint Eustache d'Antioche, de saint Paul de Constantinople, de saint Hilaire de Poitiers, de saint Eusèbe de Verceil, des papes Jules et Libère, etc.; avec la naissance et le progrès de l'arianisme, par Godefroy HERMANT. Paris 1672, J. Dupuis, 2 vol. in-8.		2
«	52	**Vie** de saint Charles Borromée, cardinal et archevêque de Milan, par Messire Ant. GODEAU, évêque de Vence. Paris 1748, Grange, 2 vol. in-12.		2
«	150	**Vie** de saint François de Borgia. Lyon 1691, Molin, 2 vol. in-12.		2
«	149	**Vie** (la) de dom Barthélemy des martyrs, tirée de son histoire écrite en espagnol et en portugais, par cinq auteurs dont le premier est LOUIS-DE-GRENADE. Paris 1663, Pierre Le Petit, 1 vol. in-8.		1
U	42	**Vie** (de la) et des actions d'Alexandre-le-Grand, par QUINTE-CURCE, de la traduction de M. de Vaugelas. Lyon 1761, Périsse, 1 vol. in-12.		1
«	48	**Vie** d'Agricola et mœurs des Germains de TACITE, traduits par l'abbé de la Blétorie. Paris 17.., Lebel et Guitel, 1 vol. in-12.		1
«	116	**Vie** du dauphin, père de Louis XI, écrite sur les mémoires de la cour, enrichie des écrits du même prince, par l'abbé PROYART. Lyon 1782, Bruysset, 2 vol. in-12, reliés en 1.		1
«	134	**Vie** de Michel de l'Hôpital, chancelier de France. Paris 1764, Deburé, 1 vol. in-12.		1
«	135 bis	**Vie** privée d'un prince célèbre ou détails des loisirs du prince Henri de Prusse, dans sa retraite de Reinsberg. Veropolis 1784, 1 vol. in-12.		1
A	53	**Vies** des Pères, des martyrs et des autres principaux saints, traduites de l'anglais d'Alban BUTTLER, par l'abbé Godescard. Lyon 1818, Sens et Cabin, 14 vol. in-8.		14
U	53	**Vies** des hommes illustres de PLUTARQUE, traduites du grec, par D. Ricard, ornées de cartes, de bas-reliefs et de portraits d'après l'antique. Paris 1835, Dubois, 4 vol. in-4.		4
«	55	**Vies** (les) des hommes illustres de la France, depuis le commencement de la monarchie jusqu'à présent, par M. d'AUVIGNY. Paris 1739, Knapen, 26 vol. in-12.		26
O	362	**Vingt mille** lieues sous les mers, par Jules VERNE. Paris, Hetzel, 1 vol. in-8.		1
«	151	**Violette**, par Mme DESBORDES-VALMORE. Paris 1839, Dumont, 2 vol. in-8 reliés en 1.		1
«	346	**Voltaire** (le roi) : sa jeunesse, sa cour, ses ministres, son peuple, ses conquêtes, sa mort, son Dieu, sa dynastie, par Arsène HOUSSAYE. Paris 1858, Michel Lévy, 1 vol. in-8.		1

Lettre du genre de l'ouvrage	Numéros des volumes	V	Volumes manquant	Nombre total des volumes
I	166	**Voyage** au mont Pilat, dans la province du Lyonnais, contenant des observations sur l'histoire naturelle de cette montagne et des lieux circonvoisins. Avignon 1770, 1 vol. in-8.	1	
U	227	**Voyage** au mont Pilat ou visite à mon pays, par Seytre de la CHARBOUZE. St-Etienne 1874, Freydier, 1 vol. grand in-18.	1	
«	140	**Voyage** autour du monde, fait dans les années 1740-41-42-43-44, par Georges ANSON, ouvrage orné de cartes et de figures en taille douce, traduit de l'anglais. Paris 1750, Quillau, 4 vol. in-12.		4
«	171	**Voyage** dans les catacombes de Rome par un membre de l'académie de Cortone. Paris 1810, Schell, 1 vol. in-8.		1
«	239	**Voyage** dans l'Amérique du Sud (Pérou et Bolivie), par Ernest GRANDIDIER. Paris 1861, Lévy, 1 vol. in-8.		1
«	148	**Voyage** d'Italie et de Hollande , par l'abbé COYER. Paris 1775, veuve Duchesne, 2 vol. in-12		2
«	143	**Voyages** de François Bernier, contenant la description des Etats du grand Mogol, de l'Indoustan, etc. Paris 1830, 2 vol. in-8.		2
«	141	**Voyages** du jeune Anacharsis en Grèce vers le milieu du quatrième siècle avant Jésus-Christ, par J.-J. BARTHÉLEMY. Avignon 1810, Offray, 9 vol. in-12.		9
«	146	**Voyages** du sieur Champlain ou journal ès découvertes de la nouvelle France. Paris 1830, 2 vol. in-8.		2
O	227	**Voyage** sentimental, par M. STERNE, sous le nom d'Yorick, traduit de l'anglais par Frénais; édition augmentée des lettres d'Yorick à Eliza et d'Eliza à Yorick. Lausanne 1786, Mourer, 2 vol. in-12.		2
«	403	**Voyages** au théâtre, par Jules VERNE et DENNERY. Paris, Hetzel, 1 vol. in-8.		1
U	169	**Voyages** aventureux de Fernand Mendez Pinto, traduit du portugais par B. Figuier. Paris 1830, 2 vol. in-8.		2
«	170	**Voyages** de Benjamin de Tudelle autour du monde, commencés en l'an 1173, de Jean du Plan-Carpin en Tartarie, du Frère Ascelin et de ses compagnons vers la Tartarie, de Guillaume de Rubruquin en Tartarie et en Chine, en 1253. Paris 1830, 1 vol. in-8.		1
«	164	**Voyages** en Afrique, Asie, Indes orientales et occidentales, faits par Jean Mocquet. Paris 1830, 1 vol. in-8.		1

Numéros des volumes	DONS DU MINISTRE	Volumes manquant	Nombre total des volumes
35	**Annales** de TACITE, nouvelle édition avec des arguments en français. Paris, Hachette, 1 vol. in-8.		1
42	**Art** (l') poétique d'HORACE, nouvelle édition. Paris, Palmé, 1 vol.		1
41	**Art** (l') poétique, poème en quatre chants, de BOILEAU. Paris, Delagrave, 1 vol.		1
6	**Avénement** des Bourbons au trône d'Espagne. Correspondance inédite du marquis d'Harcourt, par HIPPEAU. Paris, Didier, 2 vol. in-8.		2
16	**Aventures** (les) de Télémaque, suivies des aventures d'Aristonoüs, par FÉNELON, avec appréciations littéraires par Bernage, 1 vol. in-12.		1
20	**Canot de papier** (en), de Québec au golfe du Mexique, par BISHOP, 25,000 milles à l'aviron. Paris, Plon, 1 vol.		1
7	**Cardinal** (le) de Retz et ses missions diplomatiques à Rome, par CHANTELONGE. Paris, Didier, 1 vol. in-8.		1
45	**Catalogue** général des monuments des bibliothèques publiques des départements. Paris, 6 vol. in-4.		6
15	**De viris** illustribus urbis Romæ a Romulo ad Augustum. COURVAL et LEJARD. Paris, Poussielgue, 1 vol. in-18.		1
14	**Dernières** (les) années du cardinal de Retz. étude historique et littéraire, par GAZIER. Paris, Thorin, 1 vol. in-8.		1
1	**Discours** sur la couronne, de DÉMOSTHÈNES. Texte grec accompagné d'une notice, d'analyses et de notes en français, publié par H. Weill. 1 vol. in-12.		1
4	**Discours** pour Milon de CICÉRON, nouvelle édition d'après le texte d'Orelli, par Caboche. 1 vol. in-12.		1
24	**Discours** de la méthode pour bien conduire sa raison et chercher la vérité dans les sciences, par DESCARTES. 1 vol. in-12.	1	
12	**Dyonisii** Byzantii. De Bosphori navigatione, par WESCHER. Paris, Didot, 1 vol.		1
25	**Éléments** d'algèbre, conformes au programme du 2 avril 1880, par VACQUANT, 1 vol. in-8.		1
27	**Éléments** de la grammaire latine, nouvelle édition soigneusement revue sur les éditions originales, et augmentée de quelques notes par LHOMOND. Paris, Delagrave, 1 vol.		1
18	**Étoiles** (les), essai d'astronomie sidérale, par SECCHI. Paris, Germer-Baillière, 2 vol. in-8.		2
40	**Étude** de la mythologie à l'usage des maisons d'éducation, suivie des règles pour la lecture du latin, par un professeur. Roanne, 1 vol. in-12.		1
30	**Évangile** selon saint Luc, par MANNOURY, édition revue et annotée. Paris, Poussielgue, 1 vol.		1
9	**Exposition** universelle de 1867. Rapport du jury international, par Michel CHEVALIER. Paris, Dupont, 1 vol.		1
8	**Fragments** littéraires, articles extraits du *Globe*, précédés d'une notice biographique, par DUBOIS. Paris, Thorin, 2 vol.		2

Numéros des volumes	DONS DU MINISTRE *(Suite)*.	Volumes manquant	Nombre total des volumes
29	**Géométrie** descriptive à l'usage des élèves de la classe de mathématiques, par JURISCH. Paris, Delagrave, 1 vol. in-8.		1
43	**Grammaire** grecque de SENGLER, nouvelle édition, 1 vol.		1
13	**Histoire** de l'Europe et particulièrement de la France, à l'usage de la classe de rhétorique (1610-1789), par TODIÈRE. Paris, Delalain, 1 vol. in-12.		1
17	**Homme** (l') avant les métaux, par JOLY. Paris, Germer-Baillière, 1 vol. in-12.		1
38	**Horace**, tragédie de CORNEILLE, nouvelle édition. Paris, Garnier, 1 vol. in-12.		1
26	**Iliade** d'HOMÈRE, expliquée en français suivant la méthode des lycées. Paris, Delalain, 1 vol. in-12.		1
3	**Indes** (les), la Cirmanie, la Malaisie, le Japon et les Etats-Unis, par de ROCHECHOUART. Paris, Plon, 1 vol.		1
36	**Lettre** de FÉNELON sur les occupations de l'Académie française. Paris, Belin, 1 vol.		1
51	**Mission** scientifique au Mexique, dans l'Amérique centrale, recherches botaniques. Decaisne.		7
46	**Mission** scientifique au Mexique et dans l'Amérique centrale du Nord ; recherches zoologiques, études sur les xiphosures et les crustacés podophtalmaires, par MILNE. Paris, 8 livrais.		8
47	**Mission** scientifique au Mexique et dans l'Amérique centrale, recherches zoologiques, par MILNE. Paris 5 livraisons.		5
48	**Mission** scientifique au Mexique et dans l'Amérique centrale, recherches zoologiques, par MILNE. Paris, 10 livraisons.		10
49	**Mission** scientifique au Mexique et dans l'Amérique centrale du Nord; études sur les poissons, par MILNE. Paris, 2 livraisons.		2
50	**Mission** scientifique au Mexique et dans l'Amérique centrale, par MILNE. Paris, 8 livraisons.		8
2	**Modèles** d'exercices oratoires, en prose et en vers, par Marius LAINÉ. Paris, Moquet, 1 vol.		1
33	**Morale** à Nicomaque d'ARISTOTE, nouvelle édition. Paris, Germer-Baillière, 1 vol. in-18.		1
32	**Morceaux** choisis de littérature française, par GRISOT. Paris, Belin, 1 vol.		1
34	**Narrations** tirées des auteurs latins, par VENDEL-HEYL. Paris, Delalain, 1 vol.		1
22	**Nicoméde**, tragédie de CORNEILLE, édition classique avec commentaire philosophique et littéraire. Paris, Garnier, 1 vol.		1
31	**Origines** (les) de la Renaissance en Italie, par GEBHART. Paris, Hachette, 1 vol. in-18.		1
44	**Panégyrique** par ISOCRATE, texte grec avec sommaire et notes en français, à l'usage des classes. Paris, Delagrave, 1 v.		1

Numéros des volumes	DONS DU MINISTRE *(Suite)*.	Volumes manquant	Nombre total des volumes
3	**Pékin** et l'intérieur de la Chine, par de ROCHECHOUART. Paris, Plon, 1 vol.		1
5	**Poésies** d'André CHÉNIER, choisies à l'usage des classes, avec une notice biographique, par Becq de Fouquières. 1 vol.		1
23	**Première méditation** de DESCARTES, avec une notice biographique et une étude sur la philosophie de Descartes. Paris, Poussielgue, 1 vol. in-18.		1
37	**Prosodie** latine à l'usage de la jeunesse, par LE CHEVALIER. Paris, Delagrave, 1 vol.		1
39	**Philippique** de CICÉRON, nouvelle édition. Paris, Belin, 1 vol.		1
21	**Science** (la) élémentaire, lectures courantes pour toutes les écoles, par Henri FABRE. Paris, Delagrave, 1 vol.		1
19	**Théorie** (la) anatomique, par WURTZ. Paris, Germer-Baillière, 1 vol. in-8.		1
10	**Traité** élémentaire d'arithmétique, théorie et pratique à l'usage des lycées et collèges. Paris, Guédon, 1 vol in-8.		1
28	**Trigonométrie** rectiligne à l'usage des candidats au baccalauréat ès sciences, par DUFAILLY. Paris, Delagrave, 1 vol. in-8.		1
11	**Voies** (les) antiques du Lyonnais, hôpitaux du moyen-âge, mémoire accompagné d'une carte, par GUIGUE. Lyon, 1 vol.		1

SUPPLÉMENT*— 1885-1886

PARTIE DE LA VILLE

Lettre du genre de l'ouvrage	Numéros d'ordre		Nombre de volumes
M	121	**Administration** (l') de l'agriculture au contrôle général des finances (1785-1787), procès-verbaux et rapports publiés par Henri PIGEONNEAU et Alfred de FOVILLE. — Paris, Guillaumin, 1882, 1 vol. in-8°, broché.	1
«	119	**Afrique** (les peuples de l'), par R. HARTMANN, avec 93 figures dans le texte. — Paris, Germer-Baillière, 1880, 1 vol. in-8°, cart.	1
«	89	**Aliments** (les), par Eugène LEFEBVRE. — Paris, Hachette, 1882, 1 vol. in-8°, broché.	1
«	52	**Almanach** des noms contenant l'explication de 2,800 noms par Lorédan LARCHEY. — Paris, Strauss, 1881, 1 brochure, petite, in-12.	1
«	100	**Anatomie** (précis d') à l'usage des artistes par Mathias DUVAL (nouvelle édition). — Paris, A. Quantin, 1881, 1 vol. in-8°, cartonné.	1
E	88	**Annales** (nouvelles) de la construction, documents les plus intéressants et les plus récents relatifs à la construction française et étrangère, par C. A. OPPERMANN. — Paris, Baudry, 1879, 1 vol. in-folio, avec planches.	1
M	71	**Anthologie** des poètes français depuis le XVe siècle jusqu'à nos jours. — Paris, Lemerre, s. d. 1 vol. in-18, cart.	1
«	72	**Anthologie** des prosateurs français depuis le XIIe siècle jusqu'à nos jours, précédée d'une introduction historique sur la langue française. — Paris, Lemerre, s. d. 1 vol. in-18, cart.	1
E	90	**Appel** à l'impartiale postérité par la citoyenne ROLAND, femme du ministre de l'intérieur, ou recueil des écrits qu'elle a rédigés pendant sa détention aux prisons de l'abbaye Sainte-Pélagie; imprimé au profit de sa fille unique. — Paris, Louvet, 1795, 1 broch. in-8°.	1
O	412	**Archipel en feu**, par Jules VERNE (voir Etoile du Sud).	
U	257	**Atlas** manuel universel, publié par HACHETTE. — Paris 1884, 1 vol. in-folio, rel. toile, avec coins.	1
M	64	**Aventures** aériennes et expériences mémorables des grands aéronautes par W. de FONTVIEILLE; ouvrage orné de 40 gravures. — Paris, E. Plon, 1876, 1 vol. in-12, broché.	1
«	60	**Aventures** merveilleuses, mais authentiques, du capitaine Corcoran, par A. ASSOLLANT, ouvrage illustré de 25 vignettes, par A. de Neuville. — Paris, Hachette, 1881, 2 vol. in-12, brochés.	2
«	62	**Aventures** de Gil Blas de Santillane, par LESAGE; édition destinée à l'adolescence, illustrée de 42 vignettes par Leroux. — Paris, Hachette, 1881, 1 vol. in-12, broché.	1

* Les ouvrages classés à la lettre M proviennent du ministère de l'instruction publique.

Lettre du genre de l'ouvrage	Numéros d'ordre		Nombre de volumes
«	62	**Aventures** de M. Pickwick, par Charles DICKENS, roman anglais traduit par P. Grolier. — Paris, Hachette, 1883, 2 vol. in-12, brochés.	2
«	63	**Aventures** d'un Français au pays des Caciques, par Gabriel FERRY. — Paris, Breyfous, s. d. 1 vol. in-12, broché.	1
I	232	**Bacon.** — Paris, Dumaine, 1870, 1 vol. in-12, broché.	1
M	117	**Bel-Abès** et son arrondissement, histoire, divisions administratives, travaux publics, services publics, statistique, topographie, agriculture, commerce et industrie, depuis leur création jusqu'à nos jours, avec cartes, plans, tableaux synoptiques et chronologiques, par L. BASTIDE. — Oran, Ad. Perrier, 1881, 1 vol. gr. in-8°, broché.	1
«	88	**Bonnes bêtes** et bonnes gens par J. GIRARDIN (2e édition). Paris, Hachette, 1884, 1 vol. in-8°, broché.	1
«	122	**Catalogue** méthodique de la bibliothèque communale de Brest, dressé et rédigé par E. FLEURY. — Tome I. Théologie et jurisprudence. — Tome II. Sciences et arts. — Brest, Gadreau, 1877-1880, 2 vol. gr. in-8°, brochés.	2
«	123	**Catalogue** de la bibliothèque de la ville du Havre, s. n. d. a. Tome I. — Encyclopédie, polygraphie, mélanges ; sciences et arts ; Philologie et littérature. Tome II. — Sociologie, Religion, Cosmographie, géographie, histoire. — Le Havre, E. Hustin, 1886, 2 vol. in-8°, brochés.	2
«	124	**Catalogue** de la bibliothèque d'Ajaccio (Corse), par F. TOURANJEON. — Ajaccio, 1 vol. in-8°, broché.	1
«	101	**Charbon** (le) et la vaccination charbonneuse, d'après les travaux récents de M. Pasteur, par Ch. CHAMBERLAND. — Paris, Bernard Tignol, 1883, 1 vol. in-8°, broché.	1
O	418	**Chevalier** de Maison-Rouge (le), par Alexandre DUMAS, ouv. illustré. — Paris, Calmann-Lévy, s. d. 1 vol. in 4°, broché.	1
M	85	**Chimie** des champs (la), par le docteur SAFFRAY (3e édition). — Paris, Hachette, 1880, 1 vol. in-16, broché.	1
U	265	**Cité** de Carcassonne (la), par VIOLLET-LE-DUC. — Paris, A. Morel, 1878, 1 brochure in-8°.	1
O	428	**Clairefontaine.** par Henry GRÉVILLE. — Paris, E. Plon, 1885, 1 vol. in-12, broché.	1
M	118	**Cochinchine** contemporaine (la), par A. BOUINAIS et A. PAULUS, avec une carte générale de la Cochinchine. — Paris, Challamel, 1884, 1 vol. in-8°, broché.	1
«	97	**Comment on construit** une maison (histoire d'une maison), par E. VIOLLET-LE-DUC, avec 62 dessins par l'auteur. — Paris, Hetzel, s. d. 1 vol. in-12, broché.	1
«	68	**Continents et Océans** ; introduction à l'étude de la géographie par Georges GROVE, traduit de l'anglais par Mlle Tesson, avec 24 figures dans le texte. — Paris, Baillière, s. d. 1 vol. in-16, broché.	1
«	67	**Corsaire** rouge (le), par J. Fenimore COOPER, traduction de Defauconpret. — Paris, Jouvet, s. d. 1 vol. in-8°, broché.	1

Lettre du genre de l'ouvrage	Numéro d'ordre		Nombre de volumes
E	89	**Coutume** générale réformée des païs et duché de Bretagne avec les usances particulières, reveüe, corrigée et augmentée, par A. A. P. HÉVIN. — Rennes, Pierre Garnier, 1682, 1 vol. in-32, bas.	1
O	419	**Dame** de Montsoreau (la), par Alexandre DUMAS, ouv. illustré. — Paris, Calmann-Lévy, s. d. 3 vol. in-4°, brochés.	3
«	429	**Dames** de Croix-Mort (les), par Georges OHNET (7e édition). — Paris, P. Ollendorf, 1886, 1 vol in-12, broché.	1
U	266	**Description** du château de Coucy, par VIOLLET-LE-DUC. — Paris, A. Morel, 1875, 1 brochure in-8°.	1
«	264	**Description** et histoire du château de Pierrefonds, par VIOLLET-LE-DUC. — Paris, A. Morel, 1877, 1 brochure in-8°.	1
O	426	**Dictionnaire** de la langue française, par E. LITTRÉ, contenant : 1° *pour la nomenclature :* tous les mots qui se trouvent dans le dictionnaire de l'Académie française et tous les termes usuels des sciences, des arts, des métiers et de la vie pratique; 2° *pour la grammaire :* la prononciation de chaque mot figurée et, quand il y a lieu, discutée; l'examen des locutions, des idiotismes, des exceptions, et, en certains cas, de l'orthographe actuelle, avec des remarques critiques sur les difficultés et les irrégularités de la langue ; 3° *pour la signification des mots :* les définitions, les diverses acceptions rangées dans leur ordre logique, avec de nombreux exemples tirés des auteurs classiques et autres ; les synonymes principalement considérés dans leurs relations avec les définitions ; 4° *pour la partie historique :* une collection de phrases appartenant aux anciens écrivains depuis les premiers temps de la langue française jusqu'au XVIe siècle et disposées dans l'ordre chronologique à la suite des mots auxquels elles se rapportent ; 5° *pour l'étymologie :* la détermination ou du moins la discussion de l'origine de chaque mot, établie par la comparaison des mêmes formes dans le français, dans le patois et dans l'espagnol, l'italien et le provençal ou langue d'oc. — Paris, Hachette, 5 vol. gr. in-4° à 3 colonnes, dem. rel. chagrin noir.	5
U	70	**Documents** sur l'histoire de France. — Négociations diplomatiques de la France avec la Toscane, documents recueillis par Gius. Canestrini et publiés par Abel Desjardins. — Tome VI, index historique. — Paris, imp. nat. 1886, 1 vol. in-4°, cart.	1
M	106	**Droits** de l'homme (les), par Eugène PELLETAN (2e édition). — Paris, Pagnerre, s. d. 1 vol. in-8°, dem. rel.	1
O	413	**École** des Robinsons. — Le Rayon-Vert, par J. VERNE. — Paris, Hetzel, 1884, 1 vol. in-8°, dem. rel.	1
U	263	**Espagne** (un mois en). Voyage artistique à Madrid, l'Escurial, Tolède, Cordoue, Grenade, Séville, Cadix, Barcelone, etc......; avec 14 vues de villes, de monuments, etc..... par Ambroise TARDIEU. — Herment, 1885, 1 broch. in-4° (don de l'auteur).	1
M	113	**États** (les) provinciaux de la France centrale sous Charles VII, par Antoine THOMAS. — Paris, Champion, 1879, 2 vol. in-8°, brochés.	2

Lettre du genre de l'ouvrage	Numéros d'ordre		Nombre de volumes
O	412	**Étoile** du sud. — Archipel en feu, par Jules VERNE. — Paris, Hetzel, 1884, 1 vol. in-8°, dem. rel.	2
M	108	**Études et glanures** pour faire suite à l'histoire de la langue française, par E. LITTRÉ. — Paris, Didier, 1880, 1 vol. in-8°, broch.	«
«	98	**Expédition** scientifique au Mexique et dans l'Amérique centrale (ouv. publié par ordre du ministre de l'instruction publique). Recherches historiques et archéologiques, publiées sous la direction de M. HAMY. — Mémoire sur la peinture didactique et l'écriture figurative des anciens mexicains, par M. Aubin. — Paris, imp. nat. 1885. 1 livr.	1
«	82	**Extraits** des lettres, avis, entretiens, conversations et proverbes de Mᵐᵉ de Maintenon, sur l'éducation, précédés d'une introduction par Oct. GRÉARD (2ᵉ édition). — Paris, Hachette, 1885, 1 vol. in-12, broché.	1
O	422	**Fadette** (la petite), par Georges SAND, ouv. illustré. — Paris, Calmann-Lévy, s. d. 1 broch. in-4°.	1
«	427	**Famille** Cardinal (la), par Ludovic HALÉVY. — Paris, Calmann-Lévy, 1883, 1 vol. in-12, pap. vergé, broché.	1
M	58	**Fêtes** (les) célèbres de l'antiquité, du moyen-âge et des temps modernes, par Frédéric BERNARD, avec 25 vignettes. — Paris, Hachette, 1883, 1 vol. in-12, broché.	1
«	55	**Flaviens** (les) par JOGUET, avec une introduction par V. Duruy. Paris, Hachette, 1876, 1 vol. in-12, broché.	1
U	270	**France** juive (la), essai d'histoire contemporaine par Edouard DRUMONT (35ᵉ édition). — Paris, Marpon et Flammarion, 1886, 2 vol. in-12, brochés.	2
M	76	**France** (en), XVIIIᵉ et XIXᵉ siècles, par A. MÉZIÈRES. — Paris, Hachette, 1883, 1 vol. in-12, broché.	1
«	77	**France** (hors de), Italie, Espagne, Angleterre, Grèce moderne, par A. MÉZIÈRES. — Paris, Hachette, 1883, 1 vol. in-12, broché.	1
O	423	**François** le Champi, par Georges SAND, ouv. illustré. — Paris, Calmann-Lévy, s. d. 1 broch. in-4°.	1
I	233	**Frédéric II.** — Paris, Dumaine, 1869, 1 vol. in-12, broché.	1
M	69	**Géographie** physique, politique et économique de la France et de ses possessions coloniales, par L. GRÉGOIRE (7ᵉ édition). — Paris, Garnier, 1883, 1 vol. in-12, broché.	1
U	256	**Géographie** universelle (nouvelle). La terre et les hommes, 8ᵉ volume : Inde et Indo-Chine. — Paris, Hachette, 1883. 1 vol. in-8°, broché. 9ᵉ volume : Asie antérieure. — 1884, 1 vol. in-8°, broché. 10ᵉ volume : Afrique septentrionale : a. — Bassin du Nil (Soudan égyptien, Ethiopie, Nubie, Egypte). — 1884, 1 vol. in-8°, br.	1
«	271	**Guide** complet illustré de l'Auvergne, par Ambroise TARDIEU, orné de près de 200 gravures. — Herment, 1886, 1 vol. in-18 cart.	1

Lettre du genre de l'ouvrage	Numéros d'ordre		Nombre de volumes
M	66	**Histoire** d'un forestier, par Prosper CHAZEL. — Paris, Hennuyer, s. d. 1 vol. in-12, broché.	1
«	54	**Histoire** du gentil seigneur de Bayart, composée par le LOYAL SERVITEUR et abrégée à l'usage de la jeunesse, par Alph. Feillet. — Paris, Hachette, 1884, 1 vol. in-12, broché.	1
«	70	**Histoire** de la littérature française depuis son origine jusqu'en 1815, par Charles GIDEL. — Paris, Lemerre, s. d. 3 vol. in-18, cartonnés.	3
«	107	**Histoire** de la littérature grecque, par Alexis PIERRON (10e édition). — Paris, Hachette, 1881, 1 vol. in-12, broché	1
U	261	**Histoire** abrégée et populaire de la ville d'Herment, en Auvergne, par Ambroise TARDIEU. — Herment, 1885, 1 broch. in-18 (don de l'auteur).	1
M	53	**Histoire** de France, par Victor DURUY ; édition ornée de gravures et de cartes géographiques. — Paris, Hachette, 1883, 2 vol. in-12, brochés.	2
U	269	**Histoire** de France, depuis les temps les plus reculés jusqu'en 1789, racontée à mes petits enfants, avec gravures de Neuville, par GUIZOT. — Paris, Hachette, 1882-1883, 5 vol. grand in-8o, br. N. B. — Le tome 5e est rédigé par Mme de Witt, née Guizot, sur le plan et d'après les notes de M. Guizot, son père.	5
M	112	**Histoire** d'Henriette d'Angleterre par Mme de LA FAYETTE, avec une introduction par Anatole France. — Paris, Charavay, 1882, 1 vol. in-12, broché, impr. sur vélin, avec eau-forte.	1
U	267	**Histoire** des Romains, depuis les temps les plus reculés jusqu'à l'invasion des barbares, par Victor DURUY ; nouvelle édition revue, augmentée et enrichie d'environ 3,000 gravures dessinées d'après l'antique et de 100 cartes ou plans. *Tome I.* — Des origines à la fin de la deuxième guerre punique (518 gravures, 9 cartes, 1 plan et 7 chromolithographies). *Tome II.* — De la bataille de Zama au premier triumvirat (665 gravures, 7 cartes et 10 chromolithographies). *Tome III.* — César, Octave, les commencements d'Auguste (602 gravures, 8 cartes et plans et 6 chromolithographies). *Tome IV.* — D'Auguste à l'avènement d'Hadrien (499 gravures, 6 cartes et 9 chromolithographies). *Tome V.* — Hadrien, Antonin, Marc-Aurèle et la Société romaine dans le Haut-Empire (442 gravures, 3 cartes, 1 plan et 4 chromolithographies). *Tome VI.* — De l'avènement de Commode à la mort de Dioclétien (451 gravures, 7 cartes et 7 chromolithographies). *Tome VII.* — De l'avènement de Constantin à la mort de Théodose (commencement de l'invasion des Barbares), 276 gravures, 4 cartes et 7 chromolithographies. — Paris, Hachette, 1885, 7 vol. in-8o, brochés.	7
M	80	**Instinct** (de l') et de l'intelligence des animaux, par P. FLOURENS (5e édition). — Paris, Garnier, 1870, 1 vol. in-12, broché.	1
«	91	**Inventions** (les grandes) modernes dans les sciences, l'industrie et les arts, par Louis FIGUIER (8e édition, illustrée de 145 gravures). — Paris, Hachette, 1883, 1 vol. in-12, cartonné.	

Lettre du genre de l'ouvrage	Numéros d'ordre		Nombre de volumes
«	116	**Juifs** (les) du Languedoc antérieurement au XIVᵉ siècle, par Gustave SAIGE. — Paris, Alph. Picard, 1881, 1 vol. gr. in-8º, broché.	1
I	237	**Leçons** de choses, cours méthodique contenant les matières des programmes officiels, par SAFFRAY. — Paris, Hachette, 1881, 1 vol. in-12, cartonné.	1
O	424	**Lectures** courantes des écoliers français à l'usage des écoles (notre département, Loire), par CAUMONT. — Paris, Delagrave, 1878, 1 vol. in-12, cartonné.	1
«	425	**Lectures** littéraires et morales, tirées des meilleurs écrivains en prose et en vers, avec des explications et des notes, par A. PRESSARD. — Paris, Hachette, 1880, 1 vol. in-12, cart.	1
M	87	**Lectures** sur l'histoire naturelle des animaux, suivies d'un vocabulaire des mots techniques employés dans l'ouvrage, par Paul BERT, avec 75 gravures. — Paris, Hachette, 1883, 1 vol. in-12, cartonné.	1
«	81	**Légendes** des plantes et des oiseaux, par Xavier MARMIER. — Paris, Hachette, 1882, 1 vol. in-12, broché.	1
«	83	**Lettres** choisies de VOLTAIRE précédées d'une préface, accompagnées de notes et d'éclaircissements et suivies d'une table analytique par Eug. Fallex. — Paris, Delagrave, 1883, 2 vol. in-12, brochés.	2
«	110	**Lettres** critiques sur la vie, les œuvres, les manuscrits d'André Chénier, par L. Becq de FOUQUIÈRES. — Paris, Charavay, 1881, 1 vol. in-12, broché, imp. sur vélin.	1
I	230	**Louis XIV**. — Paris, Dumaine, 1869, 1 vol. in-12, broché.	1
«	236	**Manuel** de minéralogie (2ᵉ partie), par A. des CLOIZEAUX. — Paris, Dunod, 1874, 1 vol. in-8º, broché.	1
O	414	**Mathias Sandorf**, par Jules VERNE. — Paris, Hetzel, 1885, 1 vol. in-8º, dem. rel.	1
M	92	**Merveilles** (les) de la locomotion, par E. DEHARME (2ᵉ édition, ornée de 77 vignettes sur bois par Bonnafoux, Jahandier et Marie). — Paris, Hachette, 1878, 1 vol. in-12, broché.	1
O	421	**Monte-Cristo** (le comte de), par Alexandre DUMAS, ouv. illustré. — Paris, Calmann-Lévy, s. d. 6 vol. in-4º, broch.	6
M	115	**Montpellier** pendant la Révolution. 2ᵉ période : la République du 21 septembre 1792 au 18 brumaire an VIII, par J. DUVAL-JOUVE. — Montpellier, Camille Coulet, 1881, 1 vol. in-12, broché.	1
«	96	**Morceau** de sucre (un), par Eugène LEFEBVRE. — Paris, Hachette, 1884, 1 vol. in-16, broché.	1
O	431	**Morte** (la), par Octave FEUILLET (44ᵉ édition). — Paris, Calmann-Lévy, 1886, 1 vol. in-12, broché.	1
M	93	**Moteurs** (les) anciens et modernes, par H. de GRAFFIGNY; ouvrage illustré de 106 gravures sur bois. — Paris, Hachette, 1881, 1 vol. in-12, broché.	1
O	416	**Mousquetaires** (les trois), par Alexandre DUMAS, ouv. illustré. — Paris, Calmann-Lévy, s. d. 1 vol. in-4º, dem. rel.	1

Lettre du genre de l'ouvrage	Numéros d'ordre		Nombre de volumes
M	86	**Notions** générales de géologie par Edm. HÉBERT, accompagnées de 54 figures. — Paris, Masson, 1884, 1 broch. in-12.	1
«	84	**Notions** (simples) d'économie politique à l'usage de l'enseignement primaire, par J.-B. LESCARET. — Bordeaux, Bellier, 1882, 2 vol. in-16, cart.	2
«	94	**Nouveautés** (les) de la science, par Albert LÉVY; illustré de 60 gravures. — Paris, Hachette, 1883, 1 vol. in-12, br.	1
«	75	**Nouvelles** genévoises, par Rodolphe TOPFFER. — Paris, Hachette, 1882, 1 vol. in-12, broché.	1
«	109	**Œuvres** de Jean de la TAILLE, seigneur de Bondaroy, publiées d'après des documents inédits, par René de MAULDE. — Singeries de la Ligue. — Epîtres, hymnes, cartels, épigrammes, épitaphes, élégies, chansons, sonnets d'amour. — Comédies. — Satires, épigrammes, poèmes divers. Le prince nécessaire, la géomance abrégée. — Paris, Léon Willem, 1879-1882, 4 vol. in-16, brochés, sur vélin, numéroté 266.	4
«	73	**Œuvres** poétiques de N. BOILEAU, suivies d'œuvres en prose, publiées avec notes et variantes, par P. Chéron. — Paris, 1876, 2 vol. in-12, brochés.	2
I	235	**Officier** (l') d'infanterie en campagne, fortification, petite guerre, par le général ROGUET. — Paris, Dumaine, 1869, 1 vol. in-8°, broché.	1
U	268	**Origines** (les) de la France contemporaine, par H. TAINE, membre de l'Académie française. L'ancien régime. 1 vol. La révolution. — a. Anarchie. — b. Conquête Jacobine. — c. Gouvernement révolutionnaire, 3 vol. — Paris, Hachette, 1885, 4 vol. in-8°, brochés.	4
M	74	**Petit Chose** (le), histoire d'un enfant, par Alphonse DAUDET. — Paris, Lemerre, 1884, 1 vol. in-12, dem. rel.	1
I	234	**Philosophie** (la) du bon sens ou réflexions philosophiques sur l'incertitude des connaissances humaines, à l'usage des cavaliers et du beau sexe, par le marquis d'ARGENS. — Londres, 1737, 1 vol. in-12, bas. avec gravures sur acier.	1
M	104	**Philosophie** (la) expérimentale en Italie, par Alfred ESPINAS. — Paris, Germer-Baillière, 1880, 1 vol. in-12, broché.	1
«	120	**Physique** du globe et météorologie populaire, application de la météorologie à la prévision du temps, à l'agriculture et à l'hygiène, par Alf. de VAULABELLE et avec une préface de M. le Dr Marié-Davy, ouv. illustré de 80 figures dans le texte. — Paris, Chamerot, 1883, 1 vol. gr. in-8°, broché.	1
O	430	**Prince Zilah** (le), roman parisien, par Jules CLARETIE. — Paris, E. Dentu, 1884, 1 vol. in-12, broché.	1
M	90	**Propreté** (la) de l'individu et de la maison, par le docteur E. MONIN. — Paris, 1884, 1 broch. in-8°.	1
O	413	**Rayon-vert** (le), par Jules VERNE (voir École des Robinsons).	1
M	65	**Récits** et menus propos, par J. GIRARDIN. — Paris, Hachette, 1882, 1 vol. in-12, broché.	1

Lettre du genre de l'ouvrage	Numéros d'ordre		Nombre de volumes
«	95	**Récréations** scientifiques, par A. CASTILLON ; ouv. illustré de 36 vignettes, par H. Castelli. — Paris, Hachette, 1881, 1 vol. in-12, broché.	1
I	231	**Richelieu.** — Paris, Dumaine, 1869, 1 vol. in-12, broché.	1
M	78	**Roman** (le) d'un brave homme, par Edmond ABOUT. — Paris, Hachette, 1883, 1 vol. in-12, broché.	1
«	114	**Sixte-Quint**, d'après des correspondances diplomatiques inédites, tirées des archives d'Etat, par le baron de HUBNER (nouvelle édition). — Paris, Hachette, 1882, 2 vol. in-12, brochés.	2
«	103	**Sociologie** (la), essai de philosophie sociologique, par E. de ROBERTY. — Paris, Germer-Baillière, 1881, 1 vol. in-8°, cartonné.	1
«	105	**Suicide** (le) ancien et moderne, étude historique, philosophique, morale et statistique, par A. LEGOYT. — Paris, A. Drouin, 1881, 1 vol. in-12, broché.	1
O	415	**Tartarin** sur les Alpes, nouveaux exploits du héros Tarasconnais, illustré d'aquarelles et de gravures, par Alphonse DAUDET. — Paris, Calmann-Lévy, 1885. 1 vol. in-8°, pap. vélin, dem. rel.	1
A	159	**Térèse** (Sainte), d'après sa correspondance, par l'abbé James CONDAMIN (2e édition), avec le portrait authentique de Ste-Térèse, gravé à l'eau-forte. — Lyon, Vitte et Perussel, 1886, 1 vol. petit in-12, pap. vélin, rel. maroq. (don de l'auteur).	1
O	341	**Théâtre** en liberté, par Victor HUGO. — (2e édition). Prologue. — La grand'mère. — L'épée. — Mangeront-ils? — Sur la lisière d'un bois. — Les gueux. — Etre aimée. — La forêt mouillée. — Paris, Hetzel, 1886, 1 vol. in-8°, broché.	1
M	99	**Théorie** scientifique des couleurs et leurs applications à l'art et à l'industrie, par O. N. ROOD, avec 130 figures dans le texte et une planche en couleurs. — Paris, Germer-Baillière, 1881, 1 vol. in-8°, cart.	1
E	91	**Traité** de l'administration des bibliothèques publiques. Historique. — Organisation. — Législation, par Gabriel RICHOU. — Paris, P. Dupont, 1885, 1 vol. in-8°, br.	1
M	102	**Traitement** (du) des fractures des membres, nouvelle méthode dispensant du séjour au lit et permettant le transport immédiat, sans douleur, du blessé au moyen de nouveaux appareils en zinc laminé, par V. RAOULT-DESLONGCHAMPS, avec figures intercalées dans le texte. — Paris, J.-B. Baillière, 1882, 1 vol. in-8°, broché.	1
«	111	**Tribune** moderne (la), par M. VILLEMAIN, membre de l'Institut.	
		Première partie. — M. de Châteaubriand, sa vie, ses écrits, son influence littéraire et politique sur son temps. — Paris, Michel Lévy, 1858, 1 vol. in-8°, broché.	1
		2e partie. — Tribune moderne en France et en Angleterre. — Paris, Calmann-Lévy, 1882, 1 vol. in-8°, br.	1

Lettre du genre de l'ouvrage	Numéros d'ordre		Nombre de volumes
«	56	**Vauban**, par Paul BONDOIS, avec portraits et gravures dans le texte. — Paris, Picard-Bernheim, s. d. 1 broch. in-12.	1
«	79	**Vicaire** de Wakefield (le), par Olivier GOLDSMITH ; traduction nouvelle par Mme Louise Belloc, précédée d'une notice sur Goldsmith, par sir Walter Scott. — Paris, Charpentier, 1881, 1 vol. in-12, broché.	1
O	417	**Vicomte de Bragelonne** (le), par Alexandre DUMAS, ouv. illustré. — Paris, Calmann-Lévy, s. d. 1 vol. in-4°, dem. rel.	1
M	59	**Vie** (la) et les aventures de Robinson Crusoé, par Daniel de FOÉ, traduites de l'Anglais, édition abrégée à l'usage des enfants, avec 40 gravures. — Paris, Hachette, 1883, 1 vol. in-12, broché.	1
O	432	**Vie** (la) et les œuvres de Victor de Laprade, avec une lettre de François Coppée, de l'Académie française, par l'abbé James CONDAMIN. — Lyon, Vitte et Perussel, 1886, 1 vol. in-8°, broché (don de l'auteur).	1
M	57	**Villars**, par Paul BONDOIS, avec portraits et gravures dans le texte. — Paris, Picard-Bernheim, s. d. 1 broch. in-12.	1
O	420	**Vingt ans après**, par Alexandre DUMAS, ouv. illustré. — Paris, Calmann-Lévy, s. d. 1 vol. in-4°, dem. rel.	1
U	262	**Voyage** archéologique en Italie et en Tunisie: Rome, Naples, Pompéï, Messine, Catane, Syracuse, Palerme, Malte, Tunis et Utique, avec 25 vues de villes et de monuments, par Ambroise TARDIEU. — Herment, 1885, 1 broch. in-4° (don de l'auteur).	1

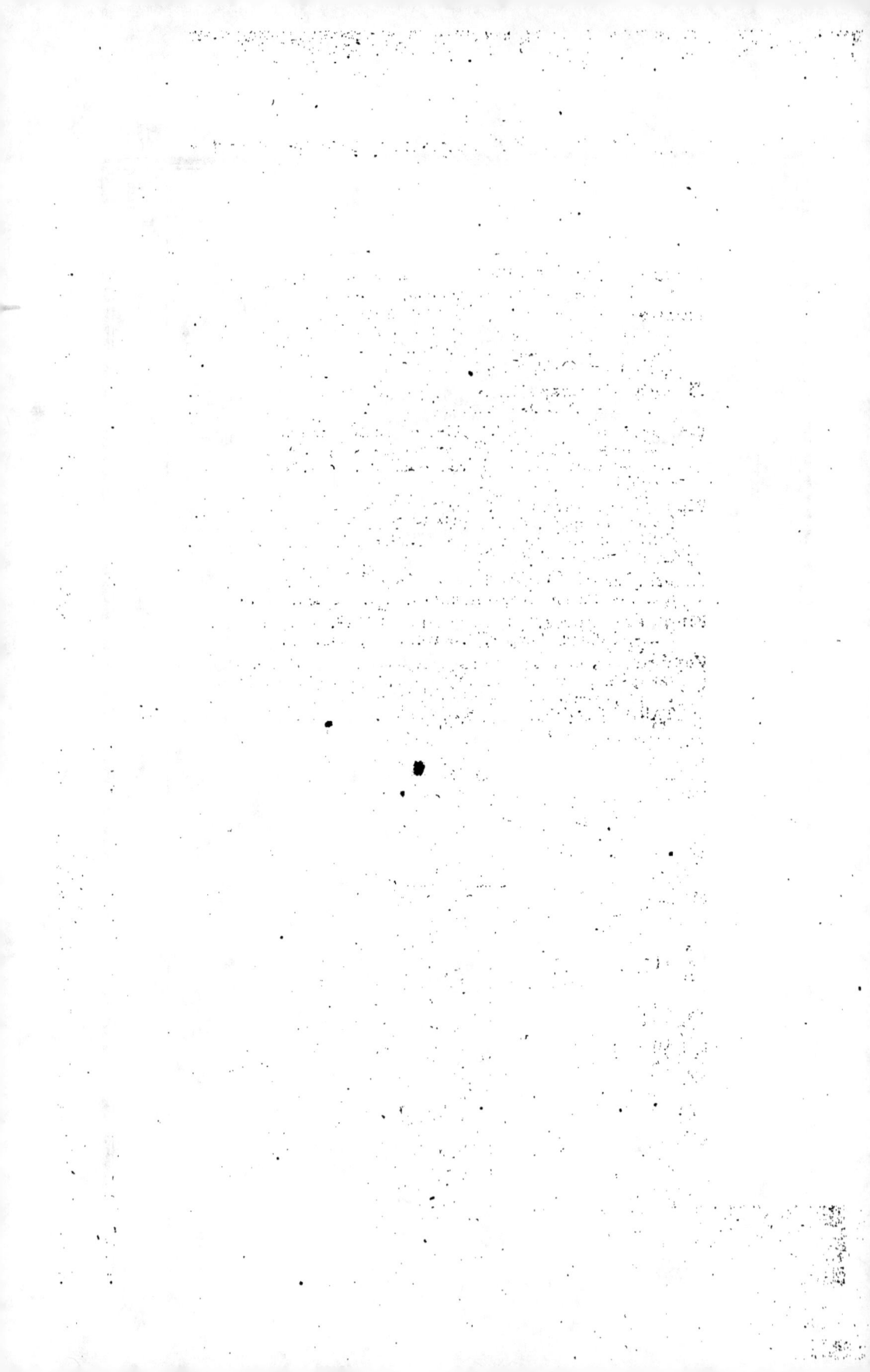

Supplément (1885-1886)

NOMS DES AUTEURS

Lettres des séries	Numéros des volumes	BIBLIOTHÈQUE POPULAIRE	Volumes manquant	Nombre total des volumes
C	56	**A fond de cale**, par Mayne-Reid.		1
«	74	**A la mer**, par Mayne-Reid.	1	
D	5	**Acime**, par J.-B. Camus.		1
C	189	**Adolescence** (contes de l').		1
B	54	**Alda**, par Mᵐᵉ de Montanclos.		1
D	33	**Alexis**, par A. Marcel.		1
C	194	**Alfred et Charles**, par V. Doublet.		1
B	22	**Alger** (conquête d'), par A. Nettement.		1
«	21	**Algérie** (les Français en Algérie), par Veuillot.		1
C	68	**Algérie** (voyage en), par Poujoulat.		1
«	156	**Allan**, par E. Fouinet.		1
«	92	**Allemagne** (légendes d'), par Raoul de Navery.		1
D	6	**Ambitieux** (un), par Dumonteil.		1
C	210	**Ambition et simplicité**, par Mᵐᵉ Césarie Farreuc.		1
«	180	**Amérique** méridionale.		1
«	117	**Amice du Guermeur**, par H. Violeau.		1
«	20	**Anacharsis** (voyages d'), par Barthélemy.		2
«	121	**Ane** (mémoires d'), par Mᵐᵉ de Ségur.	1	
«	154	**Angleterre** (histoire d').		1
«	203	**Animaux** industrieux, par Allent.		1
D	25	**Animaux-plantes** (les), par Ulliac Trémadeure.		1
C	212	**Antoine**, par l'abbé de Valette.		1
«	94	**Après-midi** (les), par l'abbé Postel.		1
B	53	**Arabella**, par Guénot.		1
«	52	**Archéologie** chrétienne, par A. Bourassé.		1
C	177	**Arts utiles**.		1
B	11	**Astronomie** (leçons d'), par Desdouits.		2
C	130	**Asie et Amérique**.		1
«	80	**Auberge de l'Ange gardien** (l'), par Mᵐᵉ de Ségur.		1
B	7	**Augustin** (histoire de saint), par Poujoulat.		2
«	31	**Aumônier du régiment** (l'), par La Rochère.		1
«	5	**Autriche** (révolutions d'), par Balleydier.		2
C	73	**Aventures d'un officier**, par Coomans.		2
«	100	**Avocats et paysans**, par R. de Navery.	1	
C	243	**Ballons** (les), par Marion.		1
D	6	**Bandits célèbres**, par Aubérive.		1
C	248	**Barbe-bleue** (mémoires de), par Carpentier.	1	
«	35	**Bayard** (histoire de), par Feillet.		2
A	1	**Bengale** (révolte au), par Mangin.		1
B	49	**Bienfaits du catholicisme**, par Pinard.		1
C	91	**Blaise** (pauvre) par Mᵐᵉ de Ségur.		1
B	27	**Bossuet de la jeunesse** (le) par Saucié.		1

Lettres des séries	Numéros des volumes	BIBLIOTHÈQUE POPULAIRE (Suite).	Volumes manquant	Nombre total des volumes
B	10	**Botanique,** par Fhéau.		2
C	198	**Botanique,** par Mme B...		1
«	90	**Bouchée de pain** (une), par J. Macé.		1
D	29	**Braconniers** (les), par L. F.		1
«	28	**Bramines** (les), par A. Lemercier.		1
C	219	**Branche de Rumex,** par M. M. Angélique.		1
«	109	**Bruin,** par Mayne-Reid.		1
«	135	**Brutus,** par J. Chantrel.		1
B	23	**Buffon,** par Saucié.		1
C	17	**Çà et là,** par Veuillot		2
«	174	**Cabinet du jeune naturaliste,** par L. Ardant.		1
A	3	**Canada** (histoire du), par Le Brasseur.		2
C	112	**Captifs du Czar** (les), par A. Archier.		1
D	13	**Caserne** (la) et le Presbytère, par Mme de Ségur.		1
C	108	**Catherine Geary,** par Miss Mason.		1
«	129	**Causeries du père Sylvestre,** par A. Devoille.		1
«	139	**Cent merveilles** (les), par de Marlès.		1
«	78	**Cervelle** (histoire d'une), par Loyau Lacy.		1
«	244	**Chaleur** (la) par A. Cazin.		1
«	55	**Chapelle de Bertrand** (la), par le C. de Locmaria.		1
«	166	**Charlemagne** (histoire de), par Roy.		1
«	123	**Charrue** (la) et le Comptoir, par A. Devoille.		1
«	240	**Chasse** (souvenirs de), par Niardot.		1
«	239	**Chasses** (les grandes), par Meunier.		1
«	69	**Chasseur des plantes** (le), par Mayne-Reid.		1
«	120	**Château de Maiche** (le), par A. Devoille.		1
A	40	**Château de Bois-le-Brun,** par L. D. S.		1
C	97	**Cheval de bois** (le), par J. Marcel.		1
«	169	**Chevalier** (le), par H. Ruilly.		1
«	15	**Chinois** (l'empire), par Huc.		2
A	50	**Chinois** (les), par H. de la Giraudière.		1
C	19	**Christianisme** (études sur le), par A. Nicolas.		4
D	11	**Cinquante histoires,** par E. de Margerie.		1
«	12	**Cinquante proverbes,** par E. de Margerie.		1
C	134	**Clotilde Caroline,** par Frataise.		1
«	104	**Clou Grangambe,** par L. de Jussieu.		1
«	186	**Clovis,** par M***.		1
«	99	**Cœur d'un roi,** par Révoil.		1
«	233	**Cœur loyal** (le), par G. Aimard.		1
«	193	**Colon de Mettray** (le), par E. Nyon.		1
«	191	**Colporteur des Pyrénées** (le), par Montaut.		1
«	51	**Contes choisis,** par Baudry.		1

Lettres des séries	Numéros des volumes	BIBLIOTHÈQUE POPULAIRE (Suite).	Volumes manquant	Nombre total des volumes
C	77	**Comédies et proverbes**, par Mme de Ségur.		1
«	159	**Constantinople** (histoire de), par Poujoulat.		1
«	111	**Contes et nouvelles**, par E. de Margerie.		1
«	215	**Contes allemands**, par N. Martin.		1
«	149	**Conteur** (le) par Mme Bernier.		1
«	82	**Corneille** (vie de P.), par G. Levasseur.		1
«	199	**Corsaire rouge** (le), par F. Cooper.		1
«	6	**Coureur des bois**, par Ferry.		2
A	13	**Croisades** (histoire des), par Michaud.		1
C	163	**Croisades** (histoire des), par M. Propiac.		1
«	202	**Croix sur la Baltique** (la), par A. Biechy.		1
«	206	**Curé** (mémoires d'un), par X.		1
«	234	**Curumilla**, par Gustave Aimard.		1
«	12	**Danube, Nil, Jourdain**, par Gabryel.		3
«	89	**Dauphin** (vie du), par H. de l'Epinois.		1
«	44	**De la nature**, études, par Bernardin de Saint-Pierre.		3
«	11	**Découvertes** (principales), par Figuier.		4
«	165	**Délassements instructifs**, par A. Mangin.		1
D	2	**Député** (le).		1
«	17	**Dernier jour du chrétien** (le), par l'abbé Bayle.		1
«	18	**Dernier jour du condamné** (le), par Robol.		1
D	21	**Deux frères**.		1
B	41	**Deux familles** (les), par C. de Bassanville.		1
C	88	**Deux moulins** (les).		1
B	39	**Dorsigny** (les), par L. D. S.		1
C	18	**Dominicaines** (missions), par A. Maric.		2
«	136	**Dominique** (saint).		1
«	49	**Droit d'aînesse** (le), par Mme Bourdon.		1
«	102	**Echelle du Levant**, par M. Allard.		1
«	241	**Eclairs et tonnerres**, par V. de Fonvieille.		1
«	60	**Ecumeur de la mer** (l'), par F. Cooper.		1
«	172	**Edmour et Arthour**.		1
B	62	**Edouard** (les enfants d'), par Champagnac.		1
«	19	**Egypte** (les Français en), par Roy.		1
C	118	**Egypte** (l'), par Laorly-Hadji.		1
«	66	**Emilianus**, par l'abbé Hennard.		1
B	12	**Entretiens physiques et chimie**, par Ducoin.		2
«	30	**Espagne** (les Français en), par Roy.		1
C	153	**Espagne** (histoire d'), par V. du Hamel.		1
«	57	**Esquisses**, par A. de Courcy.		1
«	58	**Exilés de la forêt**.		1

Lettres des séries	Numéros des volumes	BIBLIOTHÈQUE POPULAIRE (Suite).	Volumes manquant	Nombre total des volumes
C	200	**Fabiola**, par Wiseman.		1
«	187	**Famille bretonne**, par Mlle Fleuriot.		1
«	155	**Fastes de la marine,**, par Aubertuis.		1
B	24	**Fénelon**, par Saucié.		1
«	57	**Ferme-modèle** (la), par La Giraudière.		1
«	55	**Feu du ciel** (le), par Mangin.		1
C	140	**Feuilles de palmiers**, par Truenthal.		1
«	235	**Fièvre d'or** (la), par G. Aimard.		1
«	36	**Fortune de Gaspard** (la), par Mme de Ségur.		2
«	170	**Fortune et richesse**, par Lander.		1
«	67	**Fouchard** (dynastie des), par de Livonnière.		1
«	1	**France** (la), par Gabourd.		3
«	4	**France héroïque** (la), par Bouniot.		4
B	15	**François Ier** (histoire de), par de la Gournerie.		1
C	237	**Francs-tireurs** (les), par G. Aimard.		1
«	27	**Fratricide** (le), par M. de Walsh.		2
«	224	**Galilée** (voyage en), par de Damas.		1
«	31	**Génie du christianisme** (le), par Châteaubriand.		3
«	81	**Général Dourakim**, par Mme de Ségur.	1	
«	43	**Grand chef** (le)	1	
«	61	**Grandes scènes**, par Delanoye.		1
B	1	**Grands capitaines** (les), par Mazas.		5
C	278	**Grimpeurs** (les), par Mayne-Reid.	1	
D	1	**Guerre d'Orient**, par Boutin.		1
B	33	**Guerriers** (les petits). par Mme E. Foa.		1
C	107	**Habitation du désert** (l'), par Mayne-Reid.	1	
«	2	**Histoire maritime**, par L. Guérin.		2
«	24	**Histoire ancienne**, par Burette.		3
«	133	**Histoire des animaux**, par Ardant.		2
«	161	**Histoire de Henri IV**, par C. de F.		1
«	249	**Histoire contemporaine**, par Chantzel.		1
B	26	**Histoire universelle** (discours sur l'), par Bossuet.		1
D	35	**Homme** (un).		1
B	34	**Hongrie** (guerre de), par Balleydier.		1
D	31	**Hugues**, par Lemercier.		1
C	197	**Ile des cinq** (l'), par Fouinet.		1
B	3	**Illustres** (campagnes) en Italie, par Bazancourt.		2
C	213	**Inde, Chine, Japon.**		1
«	85	**Indiens** (la vie chez les).	1	1
A	3	**Java** (quinze ans à), par Roy.		1

Lettres des séries	Numéros des volumes	BIBLIOTHÈQUE POPULAIRE (Suite).	Volumes manquant	Nombre total des volumes
C	70	**Jean qui grogne,** par Mᵐᵉ de Ségur.		1
«	162	**Jean Bart** (histoire de), par Mont-Rond.		1
«	95	**Jeanne d'Arc,** par Michaud.	1	
«	34	**Jérusalem** (Pèlerinage à), par Gerande.		3
D	19	**Jérusalem,** par Ravensterg.		1
A	4	**Journal des bons exemples,** par Hébrand.		15
D	22	**Julien,** par Langlois.		1
C	113	**Julien et Alphonse,** par Mont-Rond.		1
«	50	**Jumeaux de Lusignan,** par Mˡˡᵉ Charpentier.		1
«	98	**Khalife de Bagdad** (le), par Brasse de Bourbourg.		1
B	46	**Laure de Gernan,** par L. D. S.		1
C	23	**Léandre Hermigild,** par Geiger.		2
«	62	**Lettres à un jeune homme,** par Margerie.		1
«	29	**Livre de la nature,** par Desdouits.		4
«	119	**Louis XVI,** par C. de Falloux.		1
«	167	**Louis XII.**		1
D	23	**Louis,** par Schmid.		1
B	17	**Louis XIV,** par A. Gabourd.		1
«	28	**Louis** (saint), par Biéchy.		1
C	157	**Lucien,** par Lemercier.		1
C	114	**Main qui se cache** (la), par R. de Navery.		1
«	222	**Maison de glace** (la), par Bresciani.		1
«	63	**Marguerite Danvers,** par Billies.		1
«	96	**Marie Stuart,** par Mᵐᵉ Bourdon.		1
B	29	**Marie-Antoinette,** par Roy.		1
C	115	**Mémoires d'un vieux paysan,** par Devoille.	1	
D	10	**Mémoires d'un troupier,** par C. de Ségur.		1
C	59	**Mer polaire** (la) par Lanoye.		1
«	208	**Méroom,** par H. Vendôme.		1
B	47	**Mérovée** (les enfants de), par Nyon.		1
«	43	**Merveilles de l'industrie,** par Mangin.		1
C	245	**Merveilles de l'art naval,** par Renard.		1
«	246	**Merveilles d'un monde invisible,** par Fonvieille.	1	
«	277	**Merveilles de l'architecture,** par Lefebvre.		1
D	27	**Merveilles de la nature,** par Delacroix.		1
«	15	**Mexique** (conquête du), par A. B.		2
C	181	**Mine** (la).		1
D	26	**Minéraux** (les), par U. Trémadeure.		1
B	45	**Missions catholiques,** par Roy.		1
C	188	**Mœurs des Israélites,** par l'abbé Fleury.		1

Lettres des séries	Numéros des volumes	BIBLIOTHÈQUE POPULAIRE (Suite).	Volumes manquant	Nombre total des volumes
D	4	**Montmorency** (Mme de).		1
«	14	**Monde maritime** (le), par M. V***.		4
C	182	**Morale en action**, par C. Martin.		1
«	216	**Mouche** (aventures d'une), par Cordier.	1	
B	51	**Musiciens** (les), par Mont-Rond.		1
B	37	**Naples**, par L. L. F.		1
«	18	**Napoléon** Ier (histoire de), par A. Gabourd.		1
C	137	**Napoléon.**		1
«	138	**Napoléon** (enfance de), par Beauterne.		1
«	54	**Naturalistes** (trois jeunes), par Mayne-Reid.		1
«	201	**Nature** (la), par E. Jacquemin.		1
«	79	**Nigauds** (les deux), par Mme de Ségur.	1	
«	158	**Nouvelles**, par Cointet.		1
«	183	**Nouvelle morale.**		1
«	184	**Nouvelles** (quatre), par Mme Bourdon.		1
«	132	**Oiseaux** (histoire des), par Bourassé.		1
«	242	**Optique** (l'), par Marion.		1
«	207	**Orléans**, par Foussette.		1
B	59	**Orphelin** (l'), par Mme Wattier		1
C	127	**Paraguay** (missions du), par Mucatori.		1
«	32	**Paris à Jérusalem** (de), par Châteaubriand.		2
«	221	**Parjure** (le), par A. Devoille.		1
«	160	**Paul**, par Abel Maurice.		1
«	126	**Paul**, par Gérard.		1
«	64	**Paysan soldat** (le), par Devoille.		1
«	163	**Père Tropique** (le), par Just. Girard.		1
«	185	**Perse** (voyages en), par Garnier.		1
«	101	**Petits marins** (les), par Mme Foa.		1
«	143	**Petits peintres** (les), par E. Foa.		1
«	211	**Petits musiciens** (les), par E. Foa.		1
»	124	**Peuples étrangers** (les), par Mayne-Reid.		1
«	190	**Philippe-Auguste.**		1
B	14	**Philippe-Auguste**, par Todière.		1
C	131	**Pie VII**, par Beauchamp.		1
D	9	**Pie IX.**		1
B	44	**Pierre Saintive**, par Veuillot.		1
C	38	**Pionniers** (les), par Cooper.		1
«	125	**Pipe** (histoire d'une), par Lamothe.		2
«	238	**Plages de la France** (les), par A. Landrin.		1
B	56	**Planteur** (le), par Guénot.		1

Lettres des séries	Numéros des volumes	BIBLIOTHÈQUE POPULAIRE (Suite).	Volumes manquant	Nombre total des volumes
A	2	**Plata** (voyage à la), par Armand.		1
B	60	**Poleymieux** (le dernier des), par Botton.	1	
C	110	**Politique** (le).		1
«	33	**Prévolonnais** (les), par Mⁿᵉ Fleuriot.		2
«	83	**Prison de Luxembourg** (la), par Grivel.		1
D	20	**Prisonnier de Russie.**		1
C	13	**Prisonnier d'Etat**, par Andryane.		2
«	204	**Prix d'encouragement** (le), par E. Champagnac.		1
B	25	**Racine J.**, par Saucié.		1
C	37	**Ramsès-le-Grand**, par Lanoye.		2
«	223	**Récits** (quatre), par le père Franco.		1
«	22	**Récits du foyer**, par Violeau.		4
D	30	**Récits de voyage.**		1
C	220	**Récréations chimiques**, par Castillon.		1
«	164	**Récréations technologiques.**		1
«	205	**Reitz**, par Feillet.		1
«	195	**René.**		1
B	32	**République** (cinq ans de).		1
C	214	**Réséda**, par Mⁿᵉ Fleuriot.		1
C	106	**Rêve** (un), par Devoille.	1	
B	6	**Révolution de Rome**, par Balleydier.		2
«	9	**Révolution française**, par Poujoulat.		2
C	53	**Rhône** (le), par L. de La Rallaye.		1
B	53	**Robinson français**, par Borlent.		1
C	39	**Robinsons** (deux petits), par Taulier.		1
«	236	**Rôdeurs** (les), par G. Aimard.		1
«	25	**Romaine** (histoire), par C. de Ségur.		2
«	16	**Romans grecs**, par Tourgar.		2
«	7	**Rome**, par Bélamy.		2
«	8	**Rome**, esquisses, par Gerbet.		2
«	9	**Rome** (les trois), par Gaume.		4
«	10	**Rome-Parfums**, par Veuillot.	2	
«	175	**Russie.**		1
«	20	**Russie** (Français en), par Roy.		1
«	21	**Scènes de la vie chrétienne**, par Margerie.		2
«	179	**Semaine en famille**, par Buron.		1
D	32	**Sergent** (un), par Martin.		1
C	87	**Sibérie** (la), par Gérard.		1
«	147	**Sicile** (voyage en), par Brydone.		1
B	38	**Sicile** (la), par Postel.		1
C	84	**Siège de Paris** (le), par A. Devoille.		1

Lettres des séries	Numéros des volumes	BIBLIOTHÈQUE POPULAIRE (Suite).	Volumes manquant	Nombre total des volumes
B	35	**Siège de Sébastopol**, par Roy.		1
«	48	**Silvio Pellico**, par Mme Voillez.		1
C	122	**Six chevaux** (les), par E. de Margerie.		1
«	196	**Sociétés savantes**, par de Beautieu.		1
«	47	**Sœur Gribouille** (la), par Mme de Ségur.	1	
D		**Soirées romaines**.		1
C	116	**Solitaire de l'île** (le), par A. Devoille.	1	
«	26	**Souvenirs d'une vieille femme**, par Mlle Trémadeure.		2
«	14	**Souvenirs d'un voyage**.		2
«	45	**Souvenirs et nouvelles**, par Violeau.		2
«	46	**Souvenirs de cinquante ans**, par Walsh.		2
«	178	**Souvenirs d'une famille**, par Mme Bourdon.		1
B	4	**Souvenirs de voyage**, par Mme X...		2
«	36	**Souvenirs et impressions de voyage**, par Walsh.		1
D	3	**Spectacle de la nature**, par Rendu.		1
C	146	**Stanislas** (histoire de), par Proyart.		1
«	103	**Stephano**.	1	
«	5	**Suisse** (un tour en), par Duverney.		2
«	152	**Suisse** (histoire de la), par de Marlès.		1
«	40	**Tableau de la foi**, par Walsh.		3
«	41	**Tableau des sacrements**, par Walsh.		2
«	42	**Tableau des fêtes**, par Walsh.		1
B	61	**Théodore et Louis**, par Ménard.		1
C	145	**Théodose** (histoire de), par Fléchier.		1
«	142	**Thomas Morus**, par Mme de Craon.		1
«	192	**Tobie**, *par Henry*.		1
B	42	**Travail et célébrité**, par Foa.		1
C	173	**Trois jeunes naturalistes**, par Mayne-Reid.		1
«	48	**Troupier** (le), par Bion.	1	
«	86	**Tueur de lions** (le), par Gérard.		1
B	2	**Univers** (tableau de l'), par Danielo.		4
C	71	**Vacances** (les), par Mme de Ségur.	1	
«	72	**Vacances du jeune Boërs**, par Mayne-Reid.		1
«	128	**Vacances** (trois mois de), par Souvestre.		1
«	151	**Vacances** (les), par Lebrun.	1	
«	75	**Vaillants** (les cœurs), par Mlle Carpentier.		1
B	16	**Valois** (histoire des quatre).		1
C	171	**Vauban**.		1
D	24	**Végétaux** (les) par Trémadeure.		1
C	225	**Veillées de chasse**, par Mayne-Reid.		1

Lettres des séries	Numéros des volumes	BIBLIOTHÈQUE POPULAIRE (Suite).	Volumes manquant	Nombre total des volumes
C	226	**Veillées amusantes,** par Loiseau.		1
«	227	**Veillées du peuple,** par Balleydier.		1
«	228	**Veillées maritimes,** par Balleydier.		1
«	229	**Veillées militaires,** par Balleydier.		1
«	230	**Veillées de famille,** par Balleydier.		1
«	231	**Veillées sur terre et sur mer,** par de Bussy.		1
«	232	**Veillées du presbytère,** par Balleydier.		1
«	28	**Vendéennes** (lettres), par Walsh.		2
«	105	**Victor Blanchet,** par M. Pernet.	1	
«	176	**Villards.**		1
«	141	**Violette** (la), par Garnier.		1
«	76	**Virgile,** par Barreau.		1
«	209	**Volontaire** (le), par Allard.		1
D	16	**Voltaire** (vie de), par Lepan.		1
«	8	**Voyages dans les solitudes,** par Domenech.		1
C	144	**Voyage autour du monde,** par Blanchard.		1
«	30	**Voyages modernes,** par Piton.		4
«	127	**Yvon,** par Walsh.		1
«	150	**Zouave pontifical** (le), par Bresciani.		1

LISTE ALPHABÉTIQUE DES NOMS D'AUTEURS

Dressé en 1884, par GUSTAVE LÉFEBVRE, *bibliothécaire de la ville de Saint-Chamond.*

Imp. et Lith. A. Poméon. — St-Chamond.

ERRATA

—

	Volumes manquant	Nombre total des volumes
Page 4, ligne 29, n° 251, lisez : 2 parties, 1 vol..........................		1
Page 5, ligne 21, n° 390, ajoutez : par V. HUGO.		
Page 22, ligne 4, n° 144, lisez..............................	1	1
Page 27, ligne 45, n° 24, lisez..............................	1	2
Page 27, ligne 47, n° 129, lisez.............................	1	13
Page 31, ligne 21, n° 63, lisez.............................		1
Page 44, ligne 41, n° 98, supprimez le chiffre 1 de la colonne des vol. manquant.		
Page 46, ligne 35, n° 2, lisez..............................	1	5
Page 77, ligne 28, n° 24, lisez.............................		1
Page 77, ligne 30, n° 12, lisez.............................		4

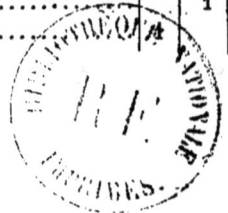

www.ingramcontent.com/pod-product-compliance
Lightning Source LLC
Chambersburg PA
CBHW052037270326
41931CB00012B/2528